KB210995

내가 너를 들어 쓰리라

내가 너를 들어쓰리라

·**초판 1쇄 발행**   2010년 06월 20일
·**초판 4쇄 발행**   2024년 03월 20일

·**지은이** 송명희
·**펴낸이** 민상기
·**편집장** 이숙희 **편집부** 민경훈 **디자인** 민다슬
·**펴낸곳** 도서출판 드림북
·**인쇄소** 예림인쇄 **제책** 예림바운딩
·**총판** 하늘유통

·**등록번호** 제 65 호 **등록일자** 2002. 11. 25.
·경기도 양주시 광적면 부흥로 847 경기벤처센터 220호
·Tel (031)829-7722, Fax 0504-269-6969

·잘못된 책은 교환해 드립니다.
·이 출판물은 저작권법에 의해 보호를 받는 저작물이므로 무단 복제할 수 없습니다.
·독자의 의견을 기다립니다.
·드림북은 항상 하나님께 드리는 책, 꿈을 주는 책을 만들어 갑니다.

복음송 '나'의 작시자 송명희 시인의 자전에세이

내가 너를 들어 쓰리라

∷ 송명희 지음

드림북

위로

밤이 깊으면 아침은 더 밝아지네
말할 수 없는 고통 속에서 시달릴 때
주가 말씀하시네
나 너를 절대로 버리지 않아

아무도 없는 빈들에 던져져 외로워할 그 때
주의 음성이 들리네
나 너를 영원히 떠나지 않아

혹독한 절망에 눌려 살 소망 잃을 때
고통이 크면 클수록
하나님의 위로가 크리라

극한 슬픔에 잠겨도 쓰러지지 않으리니
하나님의 위로가 넘치리라

*하나님의 위로는 그때 그때 따라 달래주는 단순한 의미라기보다 때마다 공급받는 필요한
힘이며 하나님의 절대적인 말씀에 대한 믿음을 뜻한다.

다 아니다

웃는 게 다 기쁨이 아니며
우는 게 다 슬픔이 아니다

죽는 게 다 죽음이 아니며
사는 게 다 생명이 아니다

하나님은 슬픔으로도 기쁨으로 만드시며
하나님은 죽음으로도 생명으로 바꾸신다

프롤로그

　세상의 기준은 그 가치를 돈, 학벌과 잘 생긴 외모 등에 두고 그런 걸 가진 사람을 즐겨 쓴다.

　그러나 하나님의 기준은 그 가치를 겸손, 그 믿음을 보시고, 또 그의 중심을 감찰하심으로 주께 합당하신 사람을 쓰신다.

　주께 합당하신 사람을…

　돈도 없고

　학벌도 없으며

　잘 생기지도 못했지만

　그렇다고 특별히 의로워서도 아니며

　비록 아무것도 가진 게 없어도…

　그런 건 하나님께는 상관없다.

　질그릇을 어떻게 쓰든지

그 권리는 토기장이에게 있다.

토기장이가 만든 질그릇

"요놈은 비록 비뚤어지고 금이 갔지만 내가 가장 아끼지.
왜냐하면 내가 만들었기 때문이야."

하나님은
건강한 사람을 쓰실까?
하나님은
돈 많은 사람을 쓰실까?
하나님은
많이 배운 사람을 쓰실까?
나는 그렇게 생각했는데
하나님은
보잘 것 없는 나에게 말씀하셨다.

"내가 너를 들어 쓰리라."

나는 그의 질그릇이었다.
그가 나를 어떻게 써 가셨는지
다시금 과거의 그림자를 들여다 본다.
하나님이 하신 일 속에
많은 이들의 사랑과 마음이
별들처럼 반짝인다.
감사, 찬양, 기쁨을 드린다….

주님과 함께
송명희 시인

차 례

1부

토기장이가 만든 질그릇

1

chapter one

걷고 싶었던 나의
어린 시절

슈퍼맨처럼 날아다니는 것만이
자유가 아니다

나는 간증기를 주저한다.

아름다운 이야기도 있지만, 아픈 추억도 많아서 쉽사리 얘기할 수 없다.

그러나 나는 생각한다. 주님과의 만남과 매일 매일 함께 하는 그분의 사랑을...

나는 세상에 가지고 온 것이 없다.

다들 건강한 팔, 다리를 가지고 나와서 세상을 향해 힘 있는 시작을 하건만, 나는 내 몸으로 자유로운 생활을 살아본 일이 단 한 번도 없다.

황톳빛의 땅, 아니 딱딱한 아스팔트 땅이라도 내 발로

밟고 뛰어다녀본 기억이 없다.

그래서 이런 자유를 누리는 사람들의 생활에 공감을 하지 못한다.

조깅을 한다거나 줄넘기, 에어로빅 운동을 하는 사람들을 보면 평범해 보이기도 하지만 신기해 보인다.

꼭 맘대로 뛰어다니고, 슈퍼맨처럼 날아다니는 것만이 자유가 아니다.

나는 이런 자유를 가지지 못했으나 나 나름대로 누리는 자유가 있어 하나님께 찬양드린다.

내가 누리는 자유, 기쁨은 예수님의 발자국을 밟을 때마다 내 육체의 가시로 쓰디쓴 고난의 향기를 맡을 수 있고, 세상을 자유롭게 살지는 못하지만 장차 새 하늘과 새 땅에서, 아름다운 꽃들이 깔려있는 꽃길을 달릴 수 있는 자유와 행복이 남아 있다는 것을 생각하면 부족함이 없다.

어떤 사람들은 나를 부러워한다.

무엇을 부러워할까? 나의 명예? 내가 가진 그 무엇을?

자신에게 있는 것을 감사하는 삶은 아름다운 축복이다.

그것이 아픔이든, 축복스런 자신의 삶이든, 자신의 모든 것을 감사할 줄 아는 사람은 귀하고 값진 인생살이를 살고 있는 것이다.

여물지 못해 죽어버린 아기

나의 축복스럽고도 아프디 아픈 삶의 시작은 약 50여 년 전, 어머니(최정임 권사)가 아버지(송형섭 장로)를 만나 결혼을 함으로써 시작되었다. 두 분은 예식장도, 많은 축하객도 없는 셋집 앞마당에서 배동윤 목사님의 주례로 식을 거행했다.

어머니는 처녀 시절 독신으로 살면서 가난하고 병든 사람들을 돌아보며 예수님만 섬기기로 서원했으나, 당시 이인자 권사님을 만나서 그의 아들인 아버지와 결혼함으로써 어머니의 그 서원은 무산되었다.

시대적으로도 어려웠던 1960년대 초반의 아버지와 어머니의 신혼 생활은 단꿈에 부푼 행복의 대로가 아니었다. 아버지의 허약한 몸, 배운 거라곤 운전이 고작인 그 당시의 아버지는 운전도 제대로 할 수 없었고, 물려받은 유산도 전혀 없이 갓 상경한 어머니와 그날그날 먹고살기조차 힘겹게 살았다. 또한 사글세방에 꾸민 신접살림은 그릇 두어 개, 주워온 장롱, 물려받은 유산인 녹슨 가위 하나가 전부였다.

멋모르고 살아온 세월이니 살았겠지, 너무나 고달픈 신혼 생활이었으리라.

어머니는 임신한 지 아홉 달 만에 양수가 터져 산부인과를 찾았다.

35년이 지나서야 미국에서 의사들의 말을 듣고 나는 내 출생의 잘못된 원인을 알게 되었다.

1963년 6월 23일, 나의 세상살이는 이렇게 시작되었다. 아기를 억지로 돌려 낳다가 아기의 뇌를 집게로 잘못 건드려 소뇌를 다쳤다.

사람 뇌는 두 가지 기능이 있다. 생각하고 감각을 느끼는 대뇌가 있고, 신체를 움직이는 소뇌가 있는데, 나는 의사의 부주의로 소뇌를 손상하여 제 달을 채우지 못하고 난 아기라 해도 너무나 연약한 아기였다.

부모님의 표현에 의하면 울지도 못하고, 여물지 못한

계란처럼 아기 머리가 만지는 대로 푹푹 들어가 만질 수도 없고, 씻길 수도 없어 그저 쳐다만 볼 뿐 아무런 대책이 없었다고 한다. 자신의 부주의도 모르는 의사는 무책임한 말 한 마디를 던졌다.

"아기가 너무 약해요. 첫 애니까... 다음에 또 잘 낳으면 되니까... 포기하세요. 이 아긴 살 수 없습니다! 다음엔 잘 해 줄게요."

부모님은 애원했다.

"무슨 방법이 없나요! 살려주세요! 우리 아기를 살릴 수 있는 방법을 알려주세요!"

의사는 지나가는 말로 빈정댔다.

"인큐베이터요! 서울대 병원에나 있는 유리관에 좀 넣어 놓으면 모를까? 그런데 거기에 넣으려면 돈도 좀 들 텐데... 그리고 이런 애는 꼭 살아날 가능성도 없고... 한 일주일이나 살까요!"

부모님은 여물지 못한 아기를 안고 집으로 돌아왔다. 아기는 파리한 얼굴로 울지도 못하는 날들을 보내다가 한 사나흘 후 어느 날 초저녁에 가늘게 호흡하는 숨마저도 멈추고 말았다.

부모는 울고 울다가 아기를 포대기로 덮었다. 날만 새면 뒷산에 파묻든지, 화장을 하든지 할 참인데 새벽녘에 윗목에 버려진 포대기 안에서 '딸꾹' 하는 가늘고 힘없는 아기의 경기 발작이 있은 후 아기가 살아났다. 그러나 살아 있다고 볼 수 없을 정도로 아기는 허약했고, 집안은 날로 궁색해져 갔다.

아버지는 약한 몸과 과로로 병이 들고, 어머니는 젖이 안 나왔지만 젖을 물 힘도 없는 아기가 안 나오는 빈 젖을 빨고 있는 모양은 그지없이 애처로웠다.

생활고로 귀한 분유를 푼푼이 살 수 없어 쌀을 빻아서 가루를 맹물에 타고, 설탕 가루마저 살 돈이 없어 쓰디쓴 뉴슈가를 조금씩 타서 만든 멀건 풀떼기 죽을 먹이는 게 아기에게 해줄 수 있는 전부였다.

이유식이니, 유아 교육이니 하는 요즘 엄마들의 극성과는 너무나 멀게만 들리는 나의 어린 시절이었고, 백일잔치, 돌잔치는 그야말로 꿈같은 이야기일 뿐이었다.

아기가 너무나 파리하고 얼굴이 새하얗고 입술만 새빨개서 잦은 감기로 어느 날 병원에 갔는데 소아과 의사는 어머니를 나무랐다.

"아니! 아기에게 뭘 먹이세요?"

"그냥 생활이 어려워 쌀가루 끓인 물만 주는데요."

의사가 한심하다는 듯이 말했다.

"쌀가루는 어른에게나 힘이 되는 곡기가 되지, 아기에겐 모유나 분유를 주고 소고기나 시금치, 야채를 갈아서 영양식을 줘야 합니다."

그런 의사의 말을 듣고도 별 수 없이 어머니는 아기에게 한 여름날 냉장고도 없어서 때로는 맛이 약간 쉰 쌀가루를 끓인 물을 계속 두고 먹였다. 아버지는 그나마도 하던 운전을 그만두고 신병으로 자리보전할 때가 많았다.

어머니는 자신의 서원이 깨어졌기 때문에 하나님께서 이런 고통을 더하셨고 성치 못한 아기를 선물로 주셨다고 자책하며, 어려운 생활을 꾸려가기 위해 아기를 업고 삯빨래와 이것저것 장사를 했지만 그런 일이 큰 힘이 되진 못했다.

순례자의 기도

광야 같은 세상 길 걸을 때
그늘이 되옵시고
그늘져 어두울 때 빛이 되옵시며
목말라 허덕일 때 샘물이 되옵소서

혹 내가 길 가다가
어려운 시험 당할 때
주님의 오른손 내게 펴사
구원하여 주옵시고
혹 내가 갈 길 몰라 헤맬 때에
주는 나의 길이 되옵소서

나의 대적 비록 무수한 모래알 같아도
주는 나의 방패 되옵소서

주여
나의 나그네 길 갈 동안 함께 하여 주옵시고
간절히 원하옵는 것은
내가 결단코 뒤돌아보지 않고
앞만 보며 가게 늘 지켜 주옵소서

권사님! 10원만 빌려주세요

내가 네 살 때 아버지는 서대문 형무소에 수감되었다. 대형 버스를 힘들게 운전하던 아버지는 오토바이를 받아 인사사고로 6개월 간 형무소에 살게 된 것이다. 살림이 더 어려워져 어머니가 교회의 어느 권사님을 찾아가 빚을 얘기하려고 하는데, 어머니 등 뒤에서 내가 아주 작은 소리로 말했다.

"권사님! 돈 10원만 빌려주세요!"

어머니는 붉어진 얼굴로 내 엉덩이를 꼬집었다. 그 권사님은 나에게 되물었다.

"으응? 뭐, 뭐라고오? 얘가 뭐라는 거야?"

"귀 권사님, 돈 시십 원..."

어머니는 내 말을 막았다.

"아, 아무것도 아니에요! 이만 갈게요!"

재빨리 일어나 나와서 어머니는 나에게 물었다.

"왜 그랬니? 왜 그런 말을 했어?"

"사, 사과가 먹고 싶어서…"

어머니는 안쓰러워 나를 안았다. 눈시울이 붉어졌다.

"괜찮아! 엄마가 사줄께!"

아버지를 면회하러 간다는 설레임에 나는 손거울을 들여다보며 머리에 침을 발라 한껏 멋을 내고, 국방색 전차를 타고 나들이를 했다. 아버지는 야윈 얼굴에 눈만 동그랗게 뜨고 하얀 한복을 입고 유리창 저편에 있었다. 나는 그곳이 어디인지도 모르고 그저 신기하고 아버지가 반가웠다. 우리는 할머니 판잣집 뒷방에서 살았다. 아버지는 큰아들이면서도 본채에서 살 수 없었다. 아버지의 5남매는 아버지와 씨가 다른 남매였다. 할머니는 젊어서 혼자되어 재혼을 했고 아들 셋과 딸 둘을 낳았다. 할머니는 다른 손자들을 보살폈지만 나에게는 말상대도 해주지 않았다. 나와 동갑인 명구를 할머니는 끼고 살았다.

하루는 명구네 엄마가 시집온다고 집안이 난리였다. 알고 봤더니 명구 새 엄마가 시집온다는 것이다. 그리고 작은고모의 결혼이 이어졌다. 멋 내기 좋아하고 항상 밖으로 나가는 작은고모는 어쩌다 아침 식사 때면 어머니 품에 안겨 밥을 먹는 나를 쳐다보며 말했다.

"아니! 언니는 요 계집애가 뭐가 그리 귀해서 계란을 쪄서 혼자 주는 거유!"

"하도 먹지를 못해서..."

어머니는 힘없이 말하고는 내 입에 밥을 떠 넣었다. 계란 마사지, 오이를 얼굴에 더덕 붙이고 사는 작은고모, 아버지는 그렇게 형무소에 있는데 할머니는 전기세, 수도세를 물으라고 했다. 우리 가족은 그들의 텃세에 눌릴 때가 많았다.

나는 일어나 앉지도 못한 채 누워서 머리만 이리 저리 흔들어서 뒷머리카락이 나지를 못했다. 나는 일곱 살까지도 누워만 있다가 업으면 머리가 등 뒤로 고꾸라져 허리가 빠지고 목이 꺾일 듯한 고통을 느꼈다.

어머니는 나를 업고 은사 집회에 가서 안수 기도를 수없이 받기도 했고, 침 맞는 곳에 가서 머리와 팔, 다리에 침을 꽂기도 해서 난 자지러지게 울기도 했다. 그때의 고통을 지금까지도 기억해 낼 수 있음은 지독한 고통이 너무나 컸기 때문이다.

아버지는 출옥 후에도 빈약한 몸으로 운전을 했지만 일을 하지 못할 때가 더 많았다.

　아버지는 나를 무척 사랑해 주었다. 초콜릿, 과자 따위를 사오는 아버지를 밤 열두 시가 넘기까지 기다렸다.

　아버지는 깊어가는 병세로 자주 집에 있었고, 그럴 때면 어머니는 50원짜리 소시지를 계란에 부처 반찬으로 조금 내놔서 아버지의 입맛을 돋우려 했지만 아버지는 상을 물렸다. 나는 그런 반찬을 먹기 좋아했다.

엄마! 난 언제 학교 가는 거야?

할머니는 명구에게 가방과 공책을 사주셨다. 초등학교 입학 준비를 하는 것을 보았다.

"영희야! 이리와. 철이야! 이리 와. 바둑아! 이리 와."

명구의 떠드는 소리를 듣고 따라서 하기도 했다.

어머니를 졸랐다.

"명구는 학교 간대! 난 언제 학교 가?"

어머니는 얼굴이 빨개져 말을 머뭇거렸다.

"으응, 너는 내년에 학교 가는 거야."

어머니는 내 눈을 피했다. 나와 동갑내기 외사촌 동생 윤자가 입학이 늦어 아홉 살에 입학 준비를 하는 걸 보고 또 어머니를 졸랐다.

"엄마! 난 언제 학교 가는 거야?"

어머니는 또 말을 얼버무렸다.

"으응, 저어...그 그래, 너는 내년에 하, 학교 가는 거야!"

"왜에? 나, 나도 학교 갈 거야! 나도 공부해야 돼!"

어머니가 너무나 심각한 얼굴로 나를 피해서 더 이상 물을 수가 없었다.

나는 왜 앉아서 뒤로 벌렁벌렁 넘어져야 하나? 왜 난 뛰어 다닐 수가 없을까? 다른 애들처럼 술래잡기도 하고 줄넘기도 하고 싶은데 왜 나는 안 될까? 나를 위해서라면 장난감도, 새 구두와 예쁜 옷도 다 사주는 아버지, 내가 좋아하는 음식은 다 만들어주는 어머니, 그러나 나를 걷게는 할 수 없었다.

나는 성격이 밝았다. 다른 아이들이 없는 걸 가졌고 다른 아이들은 흰 고무신을 면치 못했지만 나는 빨간 구두를 신고 있었다. 착한 윤자를 놀려먹고, 그 애 옷을 빼앗아 입고 사줄 때까지 안 주고, 그 애 몫인 껌도 내가 다 씹고, 내가 다섯 달 먼저 났기 때문에 꼭 언니라고 부르게 했다. 그러나...

그러나 흰 고무신을 신고도 뛰어다니는 윤자를 부러워했다.

하나님! 마지막 영혼이라도 구원해 주세요

나는 모태 신앙인으로 원하든 원치 않던 교회를 가야했다. 기도하는 어머니를 보면서 커갔다.

아버지는 믿음이 전혀 없다시피 한 상태라서 어머니의 설득으로 교회를 갈 때도 있고 술, 담배를 하면서 생활이 건전하지는 않았다. 그래서 부부 싸움이 잦아졌고 아버지가 어머니의 성경, 찬송을 찢었다가 다시 사주는 일이 반복되었다.

사근동에서 시골 서초리에 이사했다. 발동기로 전기를 돌려서 겨우 백열등만 들어오는 물 설고 낯선 산골에서 인부들 식당을 맡아 하다가, 그것도 힘에 겨워 마을 안에 있는 사글세 방 한 칸에서 살았다. 또한 흙벽돌로 지은 신동교회를 다녔다.

아버지는 기침을 쉴 새 없이 하며 피를 토해냈다. 결핵 3기로 쓰러져 입원을 해 약을 먹고 주사를 맞아도 호전되지는 않았다. 그나마도 셋집에서 쫓겨날까 해 시뻘건 피로 가득한 요강 단지를 날 새기 전에 남 몰래 씻는 어머니의 뒷모습을 나는 자주 보았다. 약을 많이 써서 위장병까지 들었고, 한여름에 장티푸스가 걸려 두터운 이불을 겹겹이 덥고도 부들부들 떠는 아버지를 보면서 어머니와 나는 울부짖었다.

"하나님! 구원해 주세요! 마지막 영혼이라도 구원해 주세요"

어머니는 아버지를 일으켜 미음을 떠 넣는데 세 숟가락도 못 드셨다.

아버지는 간신히 일어나고 다시 쓰러지고 하는 일이 반복되는 가운데 어머니는 아이를 세 번 자연 유산하게 된다.

엄마! 왜 난 이렇게 났어

나는 열 살이 넘어서 밥숟가락을 내 손으로 쥘 수가 있게 되었고, 밥을 흘리면서라도 스스로 먹고 싶어 했다. 철이 들고 생각할 수 있는 나이가 되어가면서 하나님과 어머니에 대한 불신과 원망하는 마음이 생겼다. 어느 날은 불쑥 어머니에게 대들었다.

"엄마는 애기를 자연 유산도 잘하면서, 왜 난 이렇게 났어?"

"그게 무슨 소리야?"

어머니는 놀라서 물었다.

"나도 그렇게 유산해 버리지, 왜 이렇게 나은 거야?"

"그런 말하면 안돼! 그러지 말아라!"

더 이상 말은 할 수 없었지만 나는 원망했다.

아버지는 믿음을 받아들이고 술, 담배를 완전히 끊고 나서 의사의 처방대로 약을 먹고 치료가 되었다.

아버지는 바깥 출입을 못하는 나를 위해 유아용 빨간 자동차를 사주었다.

나는 그걸 타고 페달을 돌려가며 대문 밖을 나갈 수 있었다. 그러나 그럴 때면 짓궂은 사내아이들의 놀림감이 되어 오래 있을 수가 없었다.

매주 주일이면 신동교회 주일학교를 또래 여자아이들의 등에 업혀서 갔는데, 사내아이들이 내 흉을 내고 놀려대서 교회를 가기 싫었다. 이 핑계 저 핑계로 교회를 빠지기 시작했다.

아버지는 나에게 TV를 사주었다. 어려운 살림에 아직 아무도 없는 TV를 산 것은 대단한 모험이었고 놀려대는 아이들에게 유세를 할 수 있는 좋은 미끼였다.

놀려대던 사내놈들도, 따돌리던 계집아이들도 모두 와서 TV를 보려고 했다.

나는 아이들을 부하로 만들어 자칭 공주가 되어 엄마가 만들어준 드레스를 입고 두목 행세를 했다. 아이들을 억지로 앉혀놓고 화투를 치고, 사촌 동생들을 시켜 몇 리나 떨어져 있는 약국에 가서 색채 화장품을 사오도록 해서 바르고, 가만히 앉아서 아이들을 부려 먹었다.

새 엄마의 구박에 설움 받는 명구를 양자로 삼기 위해 박씨에서 송씨로 바꾸려고 집에 데려왔다. 하지만 초등학교 4학년이 넘도록 한글을 다 알지 못해 어머니는 나와 동갑내기 명구를 가르쳐 주셨다. 그러나 알려주고 나면 금세 잊어버리는 명구와는 달리 나는 명구 뒤에서 말했다.

"아니! 넌 그것도 모르니? '가' 자에 기역을 붙이면 '각' 이잖아"

명구는 손버릇이 안 좋았다. 타이르고 꾸짖고 매를 들어도 고쳐지질 않고 어머니의 속을 태웠다. 명구는 지능은 떨어져도 내 유일한 심복처럼 나를 미워하는 계집애들을 혼내주고 심부름도 해 주었다.

나는 열한 살이 넘었지만 몸은 아홉 살짜리 아이처럼 작고, 방에서만 앉아서 다닐 뿐 아무것도 할 수 없었고 무관심 속에서 한글을 깨우쳤다.

언젠가는 또 부모님이 지방에 가는 일로 사촌 동생들과 집을 지키고 있었는데, 물을 마실 수가 없었다. 스트로우가 다 떨어졌기 때문이었다. 윤자에게 빨대 좀 사오라고 했더니 종이 스트로우를 사 와서 빨기만 하면 종이가 오그라들어 빨 수가 없어 컵의 물을 반 이상 흘려가며 물을 마셨다. 그런 추억 때문에 빨대를 매우 귀하게 여기는 습관이 생겼다.

나는 어느 날 성모 병원에 가게 되었는데 의사가 나를 자세히 살펴보더니 부모님에게 비수와 같은 말을 내뱉었다.

"뇌성마비예요. 뇌의 작용이 두 가지 일을 하는데 지적인 일을 하는 뇌와 육체를 움직이는 뇌가 있어요. 이 아이의 경우 정신은 멀쩡한데 육체로 왔어요. 쓰으, 안됐습니다."

아버지가 걱정스런 표정으로 물었다.

"고칠 방법은 없나요?"

"예! 약이 없어요.! 안됐습니다."

나는 나의 장애 이름도 알지 못하고 살다가 그런 뜻하지 않은 말을 들었다.

"그게 뭐 어때서..."

절망스런 부모님의 얼굴이 나는 더 싫었다.

명구는 일 년 정도 있다가 여러 차례 도둑질과 거짓말, 가출을 한 뒤 다시 작은집에 가 버렸다. 내 애지중지하는 저금통을 털어가지고 애 꼴을 못 본다는 할머니의 억지소리와 명구 새 엄마의 큰 횡포와 구타 끝에 원래대로 되었다.

열두 살 되었을 때, 난 처음으로 만화 영화 〈로봇 태권

V)를 보러 어머니, 아버지를 졸라 극장에 갔다. 커다란 로봇 속으로 작은 비행기를 타고 들어가 마음대로 조정해 악당들을 쳐부수는 내용이었는데, 나도 저런 로봇을 타고 세상을 맘대로 뛰어다니고 날아다녔으면 얼마나 좋을까 하는 꿈을 꾸기도 했다.

또 한여름에는 수학여행 가는 이웃집 언니들을 보고 수영복을 사달라고 떼를 써, 어머니와 함께 남대문 시장에 가서 비키니 수영복을 골라 사서 입고 마당에서 고무대야에 물 떠놓고 거기서 물놀이를 하기도 했다.

나와 놀아주던 착한 애들, 시샘하던 아이들, 놀려대던 사내 녀석들도 고학년이 되고 중학생들이 되어갔다. 나만 늘 혼자였고 변화가 없었다. 생리가 열두 살 때 시작되면서 몸과 마음은 사춘기를 맞았으나 그 누구도 그런 나를 알지 못했다.

누군가를 사랑하고 싶은 설렘, 누군가의 뜨거운 사랑을, 진한 키스와 그 밖의 것들을 받고 싶은데... 누구 하나 거들떠보지도 않자 나는 허상을 짝사랑했고 이상적인 남자를 그리워하며 노래를 불렀다.

"일출봉에 해 뜨거든 날 불러주오. 월출봉에 달뜨거든 날 불러주오. 기다려도 기다려도 님 오지 않고 빨래 소리,

물레 소리에 눈물 흘리네."

이종용의 '너'를 부르며 울기도 했다.

나는 내 몸이 장애인 것이 괴로웠던 게 아니라 사랑의 욕구를 채워줄 사랑마저도 받지 못하는 것이 괴로웠고, 무시 받고 "넌 아무것도 못해..." 그렇게 인식되어 가는 것이 분했다.

대·소변조차 방안에서 할 수밖에 없는 내 존재가 서럽고 초라해 보일 때도 많았지만 나의 부푼 가슴을 자제할 수는 없었다. 아버지는 하나님을 영접하고 난 후 몸이 회복되었고 교회 집사가 되고, 자가용 운전기사로 일하면서 생활은 약간 안정선에 이르렀다.

어느 날인가 아버지는 건강 진단을 받으려고 병원을 찾았다. 엑스레이 사진으로 나온 결과는 결핵을 앓고 난 흔적만 있을 뿐 깨끗하게 나았다는 진단이었다.

의사가 처방해 준 약값이 너무나 부담스러워 많이 복용하지도 못했는데...

40kg 미만이던 체중, 혈관 주사를 너무 꽂아서 더 이상 꽂을 데가 없이 앙상한 몸을 가지고 임종의 위기를 수차례 거쳤던 아버지가 건강해졌다는 말에 어머니는 눈물을 흘렸다.

그러나 아버지는 건강한 자식 하나 없다고 늘 원망하며 사춘기의 여린 나의 감정을 찌르는 말을 무심코 자주 했다.

"야! 넌 또 텔레비전 보냐? 그렇게 가까이서 보면 안 된다고 했건만 말을 안 들어요. 머리는 길게 해 가지고, 좀 잘라! 밥만 축내는… "

나는 울분에 차서 소리쳤다.

"그런 말하지 마! 나도 괴롭단 말야! 엄마, 아빠가 나한데 뭐 해줬어?"

"요 가시내가? 말하는 거 보게. 으이그! 어디로 보내버려?"

무심히 하는 아버지의 말이 나를 자극시켰고 차라리 때린다거나 확실한 대화로 나를 잡아주는 그런 것도 없이, "성치 않은 아이라서…"하며 이해하고, 말상대도 되어주지 않았다.

해달라는 건 다 해주려고 했지만 그런 건 나를 만족시킬 수가 없었다.

욕설을 퍼붓는 아버지, 아무 말도 해 줄 수 없는 어머니가 원망스러웠고, 그런 집이 싫었지만 가출조차 할 수 없는 내 몸이 한없이 싫었다.

내가 열세 살 때 그런 우리 집에 여동생을 하나님이 선물 해 주셨다.

부모님은 아직 어린 명선이에게만 신경을 쓰다보니, 항상 과격하고 불만투성이인 나에 대해서는 무관심해져 갔다. 부모님의 치우친 행동, 그저 밥 주고 옷 사주고 해 달라는 것 해주는 건 나에게 더 이상 설득력이 없었다.

예민해진 감정과 정상적이지 못한 몸, 누군가의 사랑을 느끼고 싶었는데... 오는 건 순간적인 동정일 뿐, 그리고 허상을 사랑하다시피 한 그 짝사랑은 너무나 멀었고, 그가 유부남이라는 걸 알았을 땐 나는 죽고 싶었다.

어머니가 미웠고 하나님이 원망스러웠다. 교회에서 살다시피 하고 비록 습관적이었지만 어릴 때부터 늘 걷게 해 달라고, 화가가 되게 해달라고 기도했던 하나님. 온몸이 멍투성이가 될 때까지 맞으며 비인간적인 안수 기도를 받고 있노라면, 그 고통이 나를 견딜 수 없도록 했고 거기에 복종하는 마음이 생기는 것이 아니라 불신과 좋지 못한 감정만 더 일어날 뿐이었다. 어머니의 강요에 못 이겨 그런 수모와 아픔을 다 당하게 만든 하나님. 신비주의적인 예언 기도와 아줌마들의 그 극성스런 찬송에 기가 질려버린 하나님.

나를 이렇게 만들어놓고 나타나지도 않고, 뭔가 해주지

도 못하는 하나님을 향해 불신하고 원망하며 모든 예배에, 모든 기도에 참석하지 않았고 '하나님'이라는 말도 못 했다.

하나님, 예수님, 십자가, 사탄 이런 말을 들으면 못 견디도록 반항하며 원망했다.

그래서 부모님은 나에게 말을 붙일 수가 없었다. 한없이 외로웠고 답답함에 가슴이 터질 것 같았다. 자살하려고 했다. 그러나 마음뿐이고 자살은 시도조차 하지 못했다.

삶과 죽음, 나에게는 너무나 먼 종착역이었다. 무조건 반항이었고 무조건 원망이었다.

미치고 싶었으나 미쳐지질 않는 게 더 큰 고통이었다. 애지중지하던 긴 머리를 잘라버렸다. 그리고 어렵게 구했던 그 남자의 사진도 찢어 버렸다. 모든 게 절망스러웠다.

바로 그때. 바로 그때 나는 교회를 찾았다. 교회 강단 밑으로 기어 들어가서 넋 나간 사람처럼 힘없이 말했다.

"하나님! 제발 만나주세요! 제 모든 걸 다 드릴게요!"

그런 기도를 한 후 이상한 현상이 일어났다.

작은 빛이 내 머리 위에서 밤낮으로 반짝거렸다. 나는 그 빛의 정체를 알고 싶어 부모님과 몇몇 사람에게 물었으나 아무도 확실한 대답을 해주지 못했다.

주 함께 하소서

나 홀로 외로이 있을 때에
주 함께 하소서
슬퍼 위로를 구할 때에
주 함께 하소서
어두움에 갇혀 무서워 떨 때에
주 함께 하소서
나를 홀로 두지 마시고
나를 떠나지 마시고
나를 버리지도 마시고
주 함께 하소서
언제나
어디서나
무엇을 하든지
주 함께 하소서

사흘 뒤, 밤 열두 시에 기도를 했다. 그런데 그 반짝이는 빛이 위로 올라가더니 밝은 빛이 비추면서 막대기 같은 것이 굴러 내려와 내 눈앞에서 서더니 양쪽으로 펼쳐지고 이상한 글이 적혀 있는 것을 보았다. 모아지지 않고 흩어진 듯 한 낙서 같은 글. 한글도, 영어도, 한자도, 일어도 아니었고 생전 처음 보는 글이었지만 읽을 수 있었다.

"...하나님을 믿으라! 네가 하나님을 믿지 아니하면 죽으리라!'

앞글의 내용은 사정상 밝힐 수가 없다. 그 두루마리는 말려 다시 올라가고 밝은 빛도 사라지고 다시 작은 빛이 반짝거렸다. 반짝이는 빛의 정체를 알고 싶었는데, 더 이상한 걸 보고 나니 혼돈만 더 가중되었다. 어머니와 몇 분의 집사님들에게 말했다.

"아이구! 하나님을 만난 거야!'

그런 말을 들어도 의문이 풀리지가 않았다.

'정말 하나님이 있는 것인가? 하나님이 보여준 것일까? 내가 생각해낸 허상을 본 것은 아닌가? 내가 뭔가 잘못 본 것일까?' 의문이 생길수록 "하나님을 믿으라! 네가 하나님을 믿지 아니하면 죽으리라!' 는 말씀이 마음 한구석에서 자꾸 떠 올랐다.

2

chapter two

시를 통해 말씀하시는
하나님

그래도 나는 너를 사랑한다

1979년 10월의 늦가을 어느 날 저녁, 모 체육관에서 개최된 부흥회에 가게 되었다.

강사 목사님의 설교가 끝나고 기도 시간이 되었다.

"자! 우리 옆 사람의 손을 잡고 그 사람을 위해 기도합시다!"

나의 왼편에는 어머니가 있었고, 오른편에는 여고생 정도 되어 보이는 낯선 아가씨가 있었다. 양쪽으로 머리를 길게 땋은 그 자매의 손을 잡았다. 그녀가 나를 위해 간절히 기도하는 것을 느낄 수 있었다. 순간, 눈물이 밀려오더니 참았던 울음이 터졌다.

"아버지! 아버지! 저는 죄인입니다!"

'아버지'라는 말이 나도 모르게 나왔다. 뭔가 나를 울

리고 토해내듯이 말을 시켰다. 울고, 울고 또 울었다. 그
런 일이 있은 후, 나는 그 모든 이상한 일들의 의문을 풀
기 위해 기도를 작정했다. 성경을 읽었다. 성육신, 오병이
어의 표적과 물 위로 걸으심, 부활, 모두가 믿어지지 않았
다. 의심이 생기고, 번뇌가 일고, 괴로웠다.

　그때, 주께서 나타나시고 나와 마주 앉아 말씀하셨다.

　"너는 그것도 못 믿으면 어떻게 나를 믿겠느냐!"

　할 말이 없었다. 하루 세 차례 오전 열 시에서 열두 시까
지, 오후 세 시에서 네 시, 저녁 여덟 시에서 열 시까지 다
섯 시간 동안 차갑고 딱딱한 골방, 냄새 나고 캄캄한 방에
서 기도했다. 사탄은 여러 가지 형상을 하고 나타나서 활
발한 방해 공작을 펼쳤다.

　불상과 마리아상을 보이며 거기에 절하기를 강요했다.
여러 가지 귀신의 형상을 하고 나타나 두렵게 했고, 많은
유혹을 가해왔다.

　"한 번만 내가 시키는 대로 하면 내가 떠나가겠다!"

　언젠가는 사탄이 내 마음에 아주 교만한 마음을 주었
다. 하루 다섯 시간을 기도하고, 성경을 많이 읽었다는 가
슴 뿌듯함을 주었다.

　그러나 그런 생각은 큰 죄악이었다. 따가운 질타와 책

망이 나에게 쏟아졌고 나는 낙심과 죄책감의 늪에 깊이 빠져 기도를 할 수 없었다. 그때 주님이 부드럽게 말씀하셨다.

"그래도 나는 너를 사랑한다!"

'그래도'라는 말씀에 주님의 모든 것이 있었다. 나의 반복되는 실수와 잘못이 있음에도 주님은 '그래도'라고 말씀하시며 못 박힌 손을 펴 나를 받아주셨다.

나는 다시 용기를 얻어 기도를 계속했다. 사탄은 내 마음에 불의한 생각과 온갖 아픔, 시험을 쉴 새 없이 삼년간이나 주었다. 기관지에 가래가 끓고 온몸이 불덩이처럼 뜨겁고, 팔이 부러지고 목에 몽우리가 생기는 통증에, 잘못된 금식으로 소화불량까지 겪어야 했다.

그 바람에 누워서 고통 중에 있는데, 어두움 속에서 나무토막이 나타나고 그 위에 손바닥이 올려지고 돌로 된 못이 박혀서 손바닥을 부수며 뚫고 나갔다.

붉은 피가 터져 나오고 뼈에서 흰 진액이 나오는 광경을 보게 되었다.

주님의 못 박히신 손이었다(꿈이 아니다).

사탄의 방해가 많았으나 주님을 붙잡고 주님만 사랑하며 주님을 높였더니 사탄은 공격을 늦추었다. 성경을 읽다가도 모르는 것은 주님께 물어볼 수밖에 없었다.

알려줄 만한 사람도 없었고 물어본다 해도 너무나 난해한 질문이라 대답해 줄 사람이 없다는 걸 알고 있기 때문에, 주님께 직접 물어볼 수밖에 없어서 고민 끝에 질문을 드리면 친절하게 알려주셨다.

어디에서도 들어 보지 못한 진리의 비밀을 알고 보니 성경 읽기가 즐거워졌다.

성경을 처음 읽었을 때, 마태복음 28장을 석 달 동안 읽는 어려움도 있었으나 그렇게 읽기 시작한 성경을 열 번 이상 읽고 나니 그 묘미를 알게 되었고, 하루에 시편 150편을 다 읽기도 했다. 이사야서와 예레미야서 같은 긴 대선지서도 한 번에 다 읽어 내려가면서 20번 이상 성경을 통독한 후 성경의 실체를 파악하게 되었다.

성경의 실체는 바로 예수 그리스도였다. 성경이 기록된 목적은 예수 그리스도를 보여주기 위한 것이며 성경의 역할은 예수 그리스도의 사진이라는 걸 알았다. 창세기와 요한복음의 연관성을 알게 되었고 율법과 복음의 실체, 은혜와 행위의 차이를 알게 되었다.

따라서 예수 그리스도의 구속의 은혜는 값없는 은혜라 하여 가볍게 여길 만한 게 아니라 값이 너무나 커서 그 값

그 손

푸른 하늘을 펴시었던 그 손
많은 물에서 땅을 올리셨던 그 손
사람을 자기의 형상대로 만드시던 그 손
문둥병자 고치시던 그 손
소경의 눈을 뜨게 하시었던 그 손

십자가에
못 박히어
못 박히어
피가 흐르네

을 붙일 수 없다는 사실을 깨닫게 되었다.

은혜의 그 값은 예수 그리스도의 죽으심이었다. 그래서 나는 감격하며 울면서 성경을 볼 때가 많았다. 가슴이 터질 것 같았다. 사도 바울처럼 이 비밀을 전하고 싶었으나 전할 사람이 없어 깨달은 말씀을 노트에 기록해 놓았다.

"천지의 주재이신 아버지여! 이것을 지혜롭고 슬기 있는 자들에게는 숨기시고 어린아이들에게는 나타내심을 감사하나이다. 옳소이다, 이것이 아버지의 뜻이니이다... 아버지 외에는 아들이 누군지 아는 자가 없고... 계시를 받는 자 외에는 아버지를 아는 자가 없느니라"(마 11:26-27) 예수 그리스도의 비밀을 지혜롭고 슬기 있는 자들은 알지 못하고 도리어 어린아이와 같은 힘 없고 무지한 사람들이 알고 믿는데, 이것이 바로 아버지의 뜻이며 계시를 받는 자만이 아버지와 아들을 알 수 있다는 것이었다.

그리고 누가복음 10장 23절과 24절에서는 "너희의 보는 것을 보는 눈은 복이 있도다... 많은 선지자와 임금이 너희 보는 바를 보고자 하였으되 보지 못하였으며 너희 듣는 바를 듣고자 하였으되 듣지 못하였느니라" 바로 예수님을 믿고 그 비밀을 아는 사람의 눈과 귀는 복이 있고 아브라함과 모세와 다윗과 같은 사람들도 그 비밀을 알려고 힘썼으나 그림자로 알았다는 베드로전서의 말씀처럼 놀라운 비밀을 아는 것은 대단한 축복인 것이다. 아무도 알려주지 않는 이 고상한 지식을 보잘 것 없고 무식한 나의 눈을 열어 주님이 친히 알려주셨다는 기쁨에 마음이 격해서 한동안 울었다.

미즈노 갠죠와 처녀시 '에바다'

어머니는 신학교를 야간에 다니면서 낮에는 교회전도
사로 사역하였다.

그래서 어린 명선이는 기도 방에 들어가는 나를 잡고
안쓰럽게 울어댔다. 어머니의 사역과 여러 가지 형편으로
서초동에서 역삼동으로 그리고 연희동으로 수차례 이사
를 다녔다. 낯선 환경과 불편한 시설 속에서 말할 수 없는
고생을 겪었지만, 그런 중에서도 기도 생활을 4년 동안
하면서 예수님이 제일 멋진 분이심을 깨달았다.

늘씬한 키와 잘 생기고 젊어 보이는 핸섬한 얼굴, 길고
까만 반 곱슬머리에 보기만 해도 너무나 선하신 외모였
고, 친절하고 늘 다정하신 음성과 부드러운 가슴으로 주
님은 나의 모든 것을 다 품어주셨다. 주님은 일기장 한 장

도 다 채우지 못할 정도로 문학에 소질이 없었던 나에게 문학을 가르치셨고, 예술성을 불어 넣으셨다. 시를 불러 주시고, 성경을 알려주셨다. 주님은 시를 주셨지만 노트에는 자신 있게 쓸 수가 없었다.

어느 날은 연희동교회 노사곤 목사님이 몇 분의 권사님들과 함께 우리 집을 심방 왔지만 나는 만나지 않았다. 그래서 노 목사님 혼자 방문했다. 미즈노 갠죠의 시집을 선물로 주었다.

"송명희 자매도 시를 쓴다지요? 이 사람처럼 책으로 내게 될지 누가 알아요? 한번 나에게 불러줄 시가 있다면 불러주세요!"

"제목은 에바다예요! 열어주소서! 열어주소서! 내 눈을 열어주소서! 주님 바라볼 수 있도록…"

노 목사님은 그 시를 자신의 성경책 뒷면에 기록하고 감탄하면서 시를 쓰라고 용기를 주었다. 그 뒤 나는 노트에 정식으로 하나님이 불러주시는 대로 시를 썼다. 그 비밀스런 은혜의 말씀을 알고 얼마나 울었는지… 그 누구도 나와 말하지 않았고, 아무도 나에게 성경을 알려주지 않았지만 주님이 함께 하셨고, 주님이 하나하나를 알려주셨다.

조금도 신기하거나 이상하지 않았고, 그런 일들을 보통 일로 받아들이며 주님과 울고 주님과 웃으며 그렇게 살았다.

열어주소서

열어주소서 열어주소서
내 눈을 열어주소서
주님 바라볼 수 있도록

열어주소서 열어주소서
내 귀를 열어주소서
주님 말씀 들을 수 있도록

열어주소서 열어주소서
내 맘을 열어주소서
주님의 뜻 깨달을 수 있도록

열어주소서 열어주소서
내 입을 열어주소서
주님 말씀 전할 수 있도록

나 가진 재물 없으나

이십대 무렵이 되자 그런 주님과의 생활 속에서도 번뇌가 일었다. 내 또래들은 대학생이 되거나 직장인이 되어 당당한 생활을 해나가고 있는데 나는 그들과는 달리 아무 것도 할 수 없었다.

"나는 무익한 종입니까? 이것을 왜 이렇게 만드셨나요?"

휠체어도 없는 처지라 교회에 갈 수 없었고, 봉사도, 전도도, 아무것도 할 수 없는 내 자신이 한없이 무능하고 무익한 사람으로만 보였다. 주님은 좌절하고 낙심하는 나에게 항상 귀가 닳도록 말씀하셨다.

"내가 너를 이렇게 만들지 않았다면 네가 나를 믿었겠느냐? 너는 기도로 나를 기쁘게 하고 있다! 너는 나의 나

실인이다. 내가 너와 함께 하리라! 내가 너를 반드시 들어 쓰리라!'

하루는 지구를 보여주셨는데 지구는 계속 돌고 지구 옆에서는 우물물이 넘쳐 나는 것을 보여 주셨다. 또 한 번 많은 사람들 앞에서 어떤 사람이 외치는 광경을 보여주셨다(꿈이 아니다).

그러면서 내 머리에 기름을 부으시고 안수하심을 느꼈다.

"내가 너에게 많은 사람을 주리라!'

그런 말씀을 늘 듣지만 현실과는 너무나 멀어서 나는 서글픔에 잠길 때가 많았다.

그런데 연희동 아파트 주인이 집을 비워달라고 해서 집을 찾다가 다시 서초동으로 이사를 가게 되었다. 연희동 교회 청년회 회원이었던 최인자 언니가 내 유일한 친구였는데 이사하게 되면 그녀와 헤어져야 한다고 생각하니 눈물이 왈칵 쏟아졌다. 그래서 방바닥에 엎드려서 부르짖었다.

"나는 아무것도 없어요! 친구도, 집도..."

주님은 시를 불러주셨다.

"말하는 대로 써라! 나 가진 재물 없으나, 나 남이 가진 지식 없으나, 나 남에게 있는 건강 있지 않으나..."

왼손에 토막 연필을 쥐고 울먹이며 썼다.

"나 남이 못 본 것을 보았고... 공평하신 하나님이 나 남이 가진 것 나 없지만, 나 남이 없는 것을 갖게 하셨네!"

너무나 엉뚱하신 말씀에 기가 콱 막혀서 도저히 쓸 수가 없었다.

폭발하는 울음을 발산하며 소리쳤다.

"아니요! 못 쓰겠어요! 공평해 보이지가 않아요! 내겐 아무것도 없어요!"

가끔씩 주님은 심각해지시는데 그때도 조금 심각해지셨다.

"시키는 대로 공평하신 하나님이라 써라!"

그런 공방전이 반복되고 결국 하나님의 고집이 승리하셨다.

그런 형태로 시로 썼다. 단어 하나라도 내 맘대로 할 수 없었고 내 맘대로 하더라도 다시 지우고 불러주시는 대로 써 모은 것이 노트로 몇 권이 되어갔다.

나

나 가진 재물 없으나
나 남이 가진 지식 없으나
나 남에게 있는 건강 있지 않으나
나 남이 갖고 있지 않은 것 가졌으니
나 남이 보지 못한 것을 보았고
나 남이 듣지 못한 음성 들었으며
나 남이 받지 못한 사랑 받았고
나 남이 모르는 것 깨달았네

공평하신 하나님이
나 남이 가진 것 나 없지만
나 남이 없는 것을 갖게 하셨네

나의 교회 극동 방송

나는 극동 방송을 즐겨 들었다. 교회에 갈 수 없었기 때문에 주일 예배를 드릴 수 없어 별 수 없이 라디오 앞에서 예배 형식을 갖추고 예배를 드리고 다시 기도 시간을 가졌다.

주님을 믿기 전에는, 극동 방송을 들으라는 권유를 많이 받았지만 내용이 너무나 촌스럽고 나오는 거리가 멀어서 5분도 못 듣고 타 방송으로 다이얼을 돌려버렸는데, 주님을 믿은 뒤부터는 의무감을 가지고 극동 방송을 들었다. 잡음투성이인 극동 방송에 고정하고 소형 라디오를 듣노라면 답답함이 그지 없었다. 조금 잘 사는 작은 이모에게 라디오 하나 사 달라고 했다가 거절당하고 잡음투성이인 라디오를 때리고, 껐다 켰다 하며 이리 저리 방향을 돌려가며 들었던 극동방송. 극동방송을 나는 교회로 삼았다. 극동방송과 사귈 수 있는 연결고리를 만들기 위해 퀴즈 프로에 열 번도 넘게 엽서를 보냈고 추첨되어 나를 알렸다. 그리고 작은 액수의 헌금이라도 드릴 수 있는 대로 드리면서 극동 방송 식구들과 관계 갖기를 희망했었다.

하루는 극동 방송을 귀 기울이고 듣는데 김장환 목사님이 설교 도중에 이런 말을 했다.

"나는 극동 방송의 어려운 재정 문제로 미국에 지원을 받기 위해 어느 목사님 집에 들어가 기다리는 동안 소파에 앉지도 못하고 마룻바닥에서 기도했습니다. 하나님! 5만 불을 지원받게 해주옵소서! 목이 메이도록 울며 기도하고 나서 그분에게 딱한 사정을 얘기하고 헌금 액수는 말하지 않았는데 딱 5만 불을 주신 것입니다. 할렐루야!"

이 말을 들으며 나는 가슴이 쓰리도록 아팠다. 잡음투성이, 사장님이 직접 뛰어다니는 극동방송, 극동 방송을 위해 나는 아무것도 할 수 없었다. 오직 간절한 기도만을 할 뿐, 그래서 결심했다.

"나에게 물질이 조금이라도 주어진다면 나는 극동 방송을 위해 쓸 것이다!"

어느 여름 날 하나님은 극동 방송을 가게 되리라고 말씀하셨다. 어머니는 그 말을 가당치 않는 소리로 들을 뿐 거기에 대한 별 반응이 없었다. 그런 일이 있은 지 3일 후 극동 방송에서 한 통의 편지가 날아왔다. 본부 사장 로버트 보우먼 목사님이 오시는데 애청자와 함께 할 면담 시간에 내가 뽑혔으니 정한 시일에 방문하라는 것이다. 아무리 입고 갈 옷이 없어도, 아무리 택시 잡기가 어려워도 가야 했다.

1984년 8월 16일 오후 2시, 만 팔천 원짜리 원피스를 입고, 거금 만 원을 들고 네 식구가 찾아갔다. 로버트 목사님 내외, 송용필 부사장님, 유관지 목사님 모두 울음보가 터졌다.

유 목사님이 입을 열었다.

"무엇이 소원입니까?"

어머니가 대변했다.

"우린 아무 소원도 없습니다. 예수님 안에서 사니까 우린 더 이상 바랄 게 없지요. 다만 명희가 써놓은 시가 책으로 나올 수만 있다면 좋겠습니다."

첫 시집을 내던 기쁨

극동 방송 유관지 목사님의 소개로 두어 곳의 출판사에서 몇 사람이 집에 찾아왔으나 그들은 나의 외모만을 보고 실망한 기색을 띠고 돌아가서 아무 소식이 없었다.

그러던 중에 전화 한 통이 걸려 왔다. 유 목사님의 주선으로 규장문화사의 여운학 장로님이 집을 방문했다. 시집을 출판하겠다는 그분의 말씀에 이것이 '하나님의 응답하심인가' 생각하며 흥분했다. 얼마나 많은 세월의 아픔들을 견디며 이 순간을 위해 기다렸는지... 하루 동안 금식 기도를 한 후 왼손에 연필을 쥐고 엎드려서 지난 세월들을 내가 아는 대로 간증 수기로 기록했다. 그동안 모아 두었던 때 묻은 원고들을 꺼내서 어머니가 담임하던 구원교회 하윤옥 선생님의 대필로 원고지 열 권이 넘는 분량

이 완성되었다. 책이 나오기까지 넉 달 이상의 시간이 걸렸다. 표지 그림은 왼손에 몽당 색연필을 잡고 밤새도록 힘겹게 그려서 굳은살이 박히고 현기증까지 느낄 정도로 고생했던 작품이었다. 어설픈 그림이지만 책표지가 되었다. 「하나님께 영광을」 「내가 너와 함께 하리라」 간증 수기 「주님과 지고 가는 십자가」는 어색한 책 제목과 혐오스러우리만큼 직선적인 그림 때문에 원고와 표지 그림에 대해 말도 많았다.

"하나님이 주신 시를 고칠 수는 없어요. 차라리 책을 내지 않으면 않았지. 그렇게는 못합니다."

그대로 해달라는 내 말대로 여 장로님은 글자 하나도 수정 없이 그대로 했고, 표지 그림과 책 제목도 내가 그리고 정한 그대로 해주셨다. 그렇게 기다리던 시집과 간증 수기가 1985년 꽃 피는 5월 초에 책이 되어 나왔다. 내 자식과 같이 사랑하고 애지중지 아꼈던 원고들을 모조리 출판사로 가져갔을 때는 책으로 나온다지만 허전함에 가슴이 텅 빈 양 잠을 못 이루기도 했는데, 세 권의 책이 깔끔하게 나온 것이다. 해산의 고통을 감내하고 아이를 안은 여인의 행복처럼 기뻤다.

자만함으로 호사다마가 될까 해서 부푼 가슴을 가라앉

히려 했지만 깨끗하게 정돈된 인쇄체의 글들, 나의 모든 재산이던 원고들이 책으로 만들어진 첫 출판의 감격은 잊을 수가 없다.

책만 봐도 눈물겹도록 기쁘고 감사한데 원고료로 백만 원이 주어졌다. 생전 처음으로 내가 번 돈이었다. 그때 당시 우리 집 형편은 전세금이 없어 하나뿐인 어머니의 금목걸이를 팔았지만, 그래도 부족해서 오십만 원이나 빚을 지고 있던 터였다. 그래서 책 인세료가 나왔을 때 휠체어도 사고, 전동 타자기도 갖고, 궁색한 집에 보탬도 주고 싶었다.

여운학 장로님이 말했다.

"글씨 쓰기에 불편하지? 그래서 내가 인세로 전동 타자기를 사줄까 하는데..."

"아닙니다. 그 시는 제 것이 아니에요. 그냥 현찰로 주세요"

그때 나는 그 제안을 정중히 거절했다. 하나님이 나를 인도하셔서 지혜 있는 말을 하게 하셨고 여 장로님은 놀라워했다.

"그래! 내가 이거 몰랐네, 알겠어요. 내가 돈이 되는 대로 줄 테니 그렇게 해요."

하나님으로 만족하라

너는 모든 것을 받을 때에 조심하고
웃음이 있을 때는 근신하며
교만할 때 마음을 낮추라
형통할 때 부르짖으며
기쁠 때 슬픔을 알고
즐거움을 애통으로
바꾸어라
세상에 있는 희락은 영원하지 못하고
끝이 있나니
하나님이 주시는 참되고
영원한 기쁨을 취하라
세상의 주는 즐거움으로
즐거워하지 말고
하나님으로 만족하라

어쩌면 단 한 번뿐일지도 모르는 나의 첫 수입은 봉투째 그렇게도 바라던 극동 방송에 선교 헌금으로 드려졌다. 그 사실이 알려지자 많은 취재진들이 찾아왔다.

〈빛과 소금〉에서 취재를 하시던 고무송 목사님(당시 장로님)도 그때 만났다.

"명희 양에게 전동 타자기를 주옵소서!"라는 말로 끝맺은 그의 감동어린 기사 덕분에 이름 모를 독자로부터 스물세 살, 생일 선물로 전해 받았던 전동 타자기는 반갑기도 하고 감사하면서도 막막했다. 처음 보는 키보드가 신기하고 두려워 조심스러웠다. 그래서 섣불리 만질 수 없어 박스 뚜껑을 닫았다.

"귀한 선물을 받았는데 어떻게 하지? 내가 저걸 칠 수 있을까? 선물로 준 사람에게 편지 한 장이라도 써서 보내야 하는데…"

케이스에 덮어두었던 전동 타자기를 꺼내 놓았다.

"이래서는 안돼! 반드시 편지를 써야 해!"

타자기를 판매한 대리점에 연락해서 사용법을 배우려고 했지만 설명이 더 어려워 겁이 나서 그만두고 싶었다.

"아무리 어려워도 할꺼야! 타자기 네가 이기나, 내가 이기나 한번 해보자!"

밤낮 3일 동안 타자기 키보드만 쳤다. 타자기 치는 소리에 옆집 아이가 놀라며 물었다.

"이거 컴퓨터예요?"

주위 사람들은 신기해서 타자기를 만져 보았다. 목이 아파 오고 심한 현기증도 났다.

하지만 타자기를 기증한 그 이름 없는 사람을 위해 타자기 앞에서 기도하면서 실습하여 일주일 만에 가까스로 편지 한 장을 써서 고 목사님에게 보내자 〈빛과 소금〉 8월 호에 기재되었다. 그 뒤 8년이 지난 후에야 구로구 대성교회에서 기증했다는 사실을 알게 되었다.

나는 그때까지 휠체어가 없었는데 집안 형편으로 휠체어를 살 수 있는 돈도 없었지만 휠체어를 내가 피해왔기 때문이기도 했다.

"난 죽어도 휠체어 따윈 안 타!"

장애인이면서도 장애인을 보고 싶지 않았던 나. 내가 휠체어에 앉는 것은 내가 장애인임을 세상에 드러내고 이제 더 이상 나에게는 일어설 희망을 포기하는 것과 같아서 휠체어를 피했다. 하지만 두란노서원의 하용조 목사님이 휠체어를 선물하겠다고 해서 고 목사님과 함께 생전 처음 동대문 의료 상회에 가서 많은 휠체어 중에서 작고 아담한 갈색 휠체어 하나를 골랐다..

"난 이제 걸을 수가 없을까? 이제 다 된 것인가?"

그 휠체어를 타고 '23년 만의 외출' 이란 타이틀로 남산 타워에서 〈빛과 소금〉의 인터뷰를 했다. 나는 그때부터 휠체어에 앉게 되었고 휠체어는 또 다른 세상이었다.

자신의 부끄러움과 연약함을 드러내고 낮은 자리로 내려가야 하는 세상, 누군가 밀어줘야 하는, 누군가의 도움을 받아야 하는 세상이었다.

최덕신 형제와 만난 그 이름

책이 출판되는 과정 속에서 필연적인 만남이 있었다.

차가운 겨울 냉기를 녹이며 라디오를 틀었다. 그때 통기타의 단조롭고 초라한 반주에 굵직한 베이스 톤의 목소리로 부르는 찬양이 들렸다. 그 노래는 최덕신이라는 형제가 불렀다.

"너의 쓴 잔을 내가 마시었고 나는 너에게 단 잔을 주었노라 너는 나에게로 오라..."

많이 익숙한 가사였다. 그 찬양 가사는 언젠가 극동 방송에 내가 친필로 써 보내었던 시였다. 다음날 방송국에 전화를 걸어 최덕신 형제를 찾았다. 그날은 방송국에 나오는 날도 아닌데 마침 그 사람이 나와 있다며 바꿔주었다. 어머니가 나를 대신해서 말했다.

"혹시 어제 극동 방송에서 부른 찬양 생각나세요? 그 찬양이 '너의 쓴 잔을'이 아닌가요? 그 찬양 가사를 누가 썼습니까?"

"송명희 자매님이라는 분이 썼다는데요."

"바로 내가 송명희 어머니입니다!"

"네에! 아! 그, 그래요!"

그래서 그는 우리 지하실 집에 찾아왔고 습기와 곰팡이가 덕지덕지 있고 냄새도 나는 어둡고 작은 내 방에서 그를 만났다. 나는 그를 만나면 작시자인 내 허락도 없이 노래를 만들어 방송으로 내보낼 수 있느냐 추궁하려고 마음먹었지만, 온화한 인상과 오직 믿음만을 말하는 그가 S대 졸업반이라는 말에 처음 만나는 최고의 지성인이라서 그런지 그런 말은 나오지 않았다. 그래서 그를 똑바로 볼 수 없어서 뒤돌아 앉은 채 엉뚱한 말만 했고 그도 역시 미안한 기색이었다. 서로 등을 맞대고 이야기를 할 때였다.

"시 노트를 보여줘라!"

하나님이 시키시는 대로 시 노트를 건네준 것을 시작으로 그와 나는 매주 월요일마다 만났다. 그는 '그 이름'을 노래로 만들어 감미롭게 불러주었고 그것이 계기가 되어 내가 써놓은 시 가운데 열 편 이상이 찬양으로 만들어졌다. 얼마 후 그는 '그 이름'을 타이틀로 해서 송명희 작사, 최덕신 작곡의 찬양들로 주찬양 선교단 콘서트를 한다면서 포스터와 티켓, 여러 가지 홍보물을 가져왔다. 하지만 그 속에 나의 약한 부분들이 내포되고 상품화된 것같아 어색하고 놀림감이 된 듯한 기분도 들었다. 여하튼 동숭동 작은 카페에서 '그 이름' 콘서트를 했다. 그 자리에 초대받아 갔는데 비좁은 DJ실에 아버지와 어머니, 나를 앉혀 놓고 시간 되면 나와서 잠깐 간증을 해달라는 부탁을 받았다. 삼복더위에 냉방도 안 된 방에서 뜨거운 조명과 귀청을 울리는 찬양 소리에 앉아 있자니 가슴이 뛰고 간증 시간에 무슨 말을 해야 할지 몰라 땀을 흘리면서도 떨고 있었다. 네댓 곡 찬양을 마치고 최유신 전도사님이 말했다.

"우리는 건강 진단을 해야 합니다. 누가 참 병신입니까? 이 찬양을 작사한 송명희 자매는 우리가 생각하기에 병신인지 모릅니다(웃음 섞인 말투로). 그러나 그녀는 우리에게 참 병신이 누구인가 질문합니다."

그 말을 듣고 나서 울분이 일었다. 호감을 끌기 위해 사람을 바보로 만들어 놓은 말 한마디 때문에 나는 감정을 누르기 힘들었지만 가만히 앉아서 기다리다가 '나'의 전주 때 무대로 불리었다. 무대 위는 밝은 조명이 비춰지고 있었으나 그 아래는 캄캄한 세계였다. 난생 처음으로 무대에 올라가 많은 사람의 박수를 받는 것, 밴드의 반주 소리와 솔리스트의 찬양이 나에게는 생소하게 느껴졌다.

"저기에 얼마나 많은 사람이 모였을까? 저 사람들은 나를 어떻게 봐줄까?"

그렇게 걱정을 하며 떨려서 몸을 흔들고 있는데 찬양이 다 끝나고 최 전도사님이 나를 보며 다시 말했다.

"여기 있는 송명희 자매님이 여러분에게 전해드릴 말씀이 있답니다!"

최 전도사님은 마이크를 나에게 주었다. 언어 장애 때문에 낯선 사람과는 쉽게 말하지 못했던 내가 마이크를 잡는 것은 어려운 일이었지만 그냥 그대로 있을 수도 없었다.

그래서 눈 딱 감고 기도했다.

'하나님! 나를 인도하소서!'

다른 사람들이 들을 나의 목소리도, 내가 들을 나의 목소리도 두려웠지만 마이크를 오른손으로 잡았다. 그러나 중심이 잡아지지 않고 계속 흔들리기만 했다.

말소리가 나오지 않았다. 관객 저 쪽에서 헛기침하는

소리도 들렸다. 싱어들과 최 전도사님이 나를 주시했다. 그때 어머니가 왼팔로 내목을 감싸고 오른손으로 마이크를 잡아주었다.

모두에게 떠밀리듯이 엉겁결에 말을 했다.

"내, 내가 이이런 몸이 아아니었다면 여여기에 오지 않았을 거것입니다. 그 이름의 비비밀은 그그 이름 안에 들어가야만 알 수 있답니다. 그 이이름 안에 내가 있고 내가 그이름 안에 있어야 합니다."

내가 말을 하면서도 무슨 말을 하는 것인지 모르게 정신없이 말을 하는데 감동어린 박수를 받았다. 또 어떤 이는 흐느끼기도 했다. 약 10분 정도로 말했는데 머리와 옷은 물속에서 나온 것처럼 땀으로 축축했다. 이 일을 통해 마이크를 잡기 시작했다.

그 이름

예수
그 이름
나는 말할 수 없네
그 이름 속에 있는
비밀을
사랑을
그 사랑을 말할 수 없어서
그 풍부함 표현 못해서
비밀이 되었네

사람들
그 이름
건축자의 버린 돌처럼 버렸지만
내 마음에 새겨진 그 이름은
아름다운 보석

내게 있는 귀한 비밀이라
내 마음에 숨겨진 기쁨

쓰러질 정도로 바쁜 사역

책이 출판되고 시로 만든 찬양이 동시에 함께 나오자 나는 자연스럽게 많은 사람들에게 알려지기 시작했고, 쉴 새 없이 집회를 다니며 방송 출연과 기자들의 인터뷰에 시달렸다.

주일이 마침 나의 생일이라 생일 전날 집에서 출판 감사예배를 드렸다. 그리고는 집에 손님을 둔 채 바로 저녁 집회 초청 시간 때문에 이른 아침에 일어나 서초동에서 독산동까지 가서 주일 예배를 드리고, 오후 두 시에 반포에 있는 남서울교회에 와서 집회를 인도하고 앉았는데 갑자기 눈앞이 캄캄하고 현기증이 나면서 순간적인 졸도를 했다.

온몸이 부들부들 떨리고 구토가 나오려 했다. 그래서

화장실을 드나들고 사람들은 쇼크를 방지하기 위해 나를 주무르는 소란이 일어나게 된 것이다.

조금 진정이 되자 교회 뒷마당에서 생일 파티를 한다는 광고가 들렸다.

나는 그 교회 교인의 생일 파티를 하는 줄 알고 집으로 가기를 원했으나 사람들은 내 손을 이끌고 뒷마당으로 향했다. 가서 봤더니 내 생애에 전무후무할 정도로 큰 이층 케이크가 「헨젤과 그레텔」에 나오는 케이크처럼 중앙에 떡 버티고 있고, 떡이며 과일이 가득 했으며 남서울교회 온 성도들이 나를 반기며 외쳤다.

"명희 씨! 생일 축하해요!"

그리고 주찬양 선교단은 노래를 불렀다.

"반가워요 명희 씨..."

홍정길 목사님은 애정어린 눈길로 나를 보며 말했다.

"오늘이 우리 명희의 생일입니다. 휠체어를 선물하려고 했는데 하용조 목사님이 선수를 치는 바람에 그 기회는 놓치고 해서, 여러분과 명희 자매의 생일을 축하하기 위해 이렇게 조촐하게 준비를 한 것입니다!"

너무나 황홀하고 감사했다. 그러나 나는 흥분감과 과로로 더 이상 그 자리에 있을 수가 없었다. 케이크라도 자르고 가라고 해서 간신히 케이크만 자르고 황급히 차에 올라 비상등까지 켜고 집에 와서 구토를 하는 등 한동안 몸살을 겪었다. 그 때 일을 생각하면 지금도 몸을 사린다. 그렇게 쓰러질 정도로 바쁜 어느 여름날, 극동 방송의 김장환 목사님이 목포 청소년 집회에 오라고 해서 김준원 목사님(당시 전도사님)이 승용차로 운전하고 여섯 시간을 달려 목포에 가게 되었다. 처음 가는 장거리 여행이라서 옷 몇 벌을 싸 가지고 들뜬 마음과 조심스러운 생각으로 갔다.

미리 준비된 숙소는 모텔 이층 방이었다. 어머니가 나를 업고 계단을 올라갈 때는 괜찮았는데 저녁 식사를 하고 집회에 가려고 계단을 내려오는 순간, 어머니의 구두 뒤축이 카펫에 걸렸다. 순간 우리는 계단 서너 개를 굴렀다. 눈앞이 캄캄해서 아무것도 안 보이고 한동안 정신이 얼얼했다. 나는 위급할 때는 웃는 버릇이 있어 그때도 웃고 있는데 어머니의 신음 소리가 들렸다. 어머니는 다리에 타박상을 입고 나는 얼굴 왼쪽 코밑이 찢어졌다.

피가 멈추지를 않자 근처 병원에서 봉합을 하고 커다란 반창고를 코밑에 붙이고 떨리는 가슴으로 집회를 인도했다. 거치적거리는 반창고를 붙이고 몇 마디 말을 하고 나니 학생들은 울기 시작했고 그 후 캠프파이어를 하며 결단하는 시간에 좋은 효과가 나타나는 것을 느꼈다. 그 일 후로 체면을 버리고 남자든 여자든 나를 업게 했다. 지금까지 그 흉터는 흔적으로 남아있다.

스스럼 없이 만난 장애인

그런 중 어떤 손님이 집을 방문했다. 그 손님은 뇌성마비 소녀였다.

나는 그녀를 만나고 싶지 않았다. 마치 거울 속의 나를 보는 것처럼 싫었고 두려웠다. 바빠서 못 만나겠다는 나에게 어머니가 말했다.

"여기까지 왔는데 잠깐 만나주고 보내면 되잖아! 그래도 만나줘야지!"

나는 거절 끝에 못 이겨 끌려갔다. 마치 스타라도 된 양 당당하고 마땅치 않은 얼굴로 그 아이가 있는 안방으로 들어가려고 문을 열었다.

"아아악! 끼꺅악! 끄으으!"

순간, 정신이 번쩍 나면서 그 아이를 보았다. 열세 살이라고 하는데 두세 살짜리 아기로만 보이는 체구에 온몸을 꼬고 팔다리는 경직되어 뻗쳐있고 어머니 등에 뒤집혀 업혀있는 그 아이(강민경)를 만나고, 그녀가 나를 만나서 그 기쁨에 저런다는 것을 알고 마음이 무너져 내렸다. 말을 할 수가 없어서 비명과 괴음을 지르는 민경이를 보며 눈물이 쏟아지려는 것을 억지로 참았다.

"저 아이를 잘 아는 건 나야! 저 아이를 내가 아는데 만나지 않겠다고 하면? 하나님! 하나님!"

깊은 탄식이 나왔다. 침을 흘리고 이를 갈고 호흡하기조차 힘들어 헐떡거리는 민경이의 마음을 나는 알고 있었다. 기쁠수록 몸이 흔들리고 그렇게 흔들리지 않으려고 하면 할수록 숨마저 가빠지고 마음대로 안되는 민경이의 몸을 나는 잘 알고 있었다. 민경이의 사촌 언니는 신동교회에서 알고 지내던 나와 동갑인 친구였는데, 내가 세상에 알려지기 시작하자 사촌 동생인 민경이를 소개해 준 것이다.

민경이는 비록 뒤틀린 몸을 가졌지만 천사의 얼굴을 가졌다.

내 생일 때마다 연중행사처럼 힘겹게 찾아오던 민경이, 나에게 선물하기 위해 핑크색 잠옷을 자기가 시장에서 지명하여 사왔다는 민경이는 스물한 살의 나이로 힘겨운 숨을 거두었다. 민경이 덕분에 많은 장애인을 스스럼없이 만날 수 있었다. 에덴 하우스의 정덕환 원장님을 비롯한 많은 장애인들을 만났고 하루는 세종문화회관대강당에서 장애인 예술제에 참가, 출연하는 중 청각 장애인들이 흰 장갑을 끼고 수화 찬양하는 것을 보았다.

"세상 모두 사랑 없어 냉랭함을 아느냐… 예수 사랑 가지고 만민 중에 나가서 예수 사랑 전하세."

나는 가슴이 메어왔다.

"하나님! 왜 우리를 이렇게 만드셨나요? 하나님! 저렇게 해서라도 찬양을 받으셔야 하나요?"

안타까움에 사무쳐 소리 없이 흐느끼고 다시 생각했다.

"그래요! 저 사람들의 찬양이야말로 오염되지 않은 찬양이 되겠지요."

내가 만일 장애인이 아니었다면 나는 과연 장애인을 어떻게 생각하고 어떻게 보았을까?

책이 나온 지 얼마 안 되어 엘벧엘교회 김형표 목사님을 만났다. 그의 자서전을 몇 년 전에 읽어 그 간증을 잘 알고 있었는데 그런 김 목사님이 집을 방문하겠다는 연락을 받고 가슴이 뛰었다. 6.25 사변 때 경찰관으로 근무하다가 다리 하나를 잃고 목회자의 길을 가고 있는 노년의 김 목사님은 의족을 하고 지팡이를 짚고 지하실 우리 집을 방문했다.

나의 책을 감동스럽게 읽었다며 나를 무척 사랑해 주었다.

나 하나

나
하나만 있더라도
세상을 지으신
주

나
하나가 죄를 짓더라도
십자가에 죽으신
주

나
하나가 있더라도
천국을 마련하신
주

난 이대로 살겠어요

선선한 바람이 부는 초가을의 어느 날, 극동 방송 임경섭 부사장님과 미국인들이 지하실 우리 집을 방문했다. 임경섭 장로님이 무겁게 입을 열었다.

"명희 양을 한번 저희 손에 맡겨보시지 않겠어요?"

어머니와 나는 어리둥절해서 서로 얼굴만 쳐다보았다. 임 장로님은 말을 이었다.

"사실 방송국 내에서 의논이 됐거든요. 명희 양을 미국에 좀 데려가서 좋은 치료를 받게 하자는 말이 나왔는데 어머니의 의향은 어떠세요? 명희 양을 좀 우리한테 맡겨볼 생각은 없습니까?"

뜻밖의 제안, 그래서 어머니와 나는 당황했고 한동안 아무 말도 할 수 없었다. 어머니는 침착하게 말했다.

"본인이 결정할 문제입니다. 본인의 의사에 따를 수밖에 없지요."

나에게 대답을 맡겼다. 나는 놀란 토끼처럼 가슴이 뛰고 혀가 떨리기 시작했다.

모든 시선이 나에게 멈추어졌다. 긴장감이 감돌고 침묵이 흘렀다.

"나는 뭐라고 대답해야 될 것인가?'

모든 결정권이 나에게 있었기 때문에 나는 고민할 수밖에 없었다.

만약 내가 미국을 간다면 부모와 떨어져 있어야 하고 어머니의 손길 없이 내가 어떻게 살 수 있을지 두려웠다. 지금까지 지내오면서 몇 번의 경우를 제외하고는 부모님과 항상 같이 있었다. 내가 다섯 살 때 피치 못할 사정이 생겨 부모님은 집 옆에 있는 구멍가게에 나를 맡겨 놓으신 일이 있었다. 나는 그날 하루가 다른 날보다 훨씬 길게 느껴졌고 너무나 불편했다. 덕분에 그날은 모든 과자를 다 먹어볼 수 있었고, 과자 값을 무느라 부모님은 주머니를 털어야 했다.

또 열두 살 때 작은 이모가 아파서 이모의 병간호 차 어머니와 함께 이모댁에 가서 며칠 밤을 자게 되었다. 이틀

후 어머니는 아버지 식사 문제며 집안 일로 나를 혼자 두고 집으로 오셔야 했다. 어머니가 곁에 없다는 사실 때문에 저녁이 되고 밤이 되자 점점 더 불안하고 어머니가 보고 싶어서 울음보가 터져버렸다. 이모네 집이고 다 아는 식구들이고 엄마는 그 다음날 아침에 올 텐데 엄청난 이별이라도 한 것인 양 훌쩍훌쩍 울었다.

다음날 엄마를 다시 보았을 때 언제 울었냐는 듯 빙그레 웃어대던 그 철없던 어린 시절이 눈앞에 스쳤다. 보통 아니었다면 아마도 열두 살쯤 되면 혼자 남의 집을 가서 며칠을 지내더라도 그렇게 울지는 않았을 것이다. 그러나 한 번도 집을 떠나서 부모님 없이 잠자리를 해보지 못한 나는 그보다 더 큰 불안한 일은 없었다.

그런 일들이 머리에 스치고 두려워졌다. 그래서 순간적으로 기도를 했다.

"뭐라고 말을 해야 하나요? 할 말을 인도하여 주소서, 주님!"

나는 눈을 가만히 감았다. 입술이 떨렸다.

"난 이대로가 좋아요. 주님이 만들어 놓으신 이대로 그냥 살겠어요!"

순간적인 말이었다. 나는 무슨 말을 하는지도 모르게

그런 말이 당돌하게 나와 버렸다. 거기 있는 모든 사람들이 한동안 멍하니 나를 보았다. 임 장로님은 전기에 감전이라도 된 것처럼 부들부들 떨더니 갑자기 목 놓아 울었다. 임 장로님이 왜 그런지 나는 알 수가 없어 내가 말을 크게 잘못했나 하고 가슴이 철렁 내려 앉았다.

"명희 양이 이렇게 말할 줄은 몰랐어요. 그래, 우리가 몰랐어요."

말을 채 잇지 못하고 나를 덥석 껴안았다. 이게 무슨 뜻일까 영문을 몰라서 의아스러웠다. 그렇게 그들은 울다가 돌아갔고 몇 달 후에 진상을 알게 되었다. 우연히 라디오를 통해 임 장로님의 설교를 듣는데, 나에 대해 간증하는 것을 들었다.

"명희 양은 이렇게 말했습니다. '이대로가 좋아요. 주님이 만드신 이대로 살겠어요.' 여러분! 부끄럽지 않습니까? 우리 이거 사지육체 멀쩡해서 누릴 것 다 누리면서도 원망 불평하는데, 나는 이 말을 듣고 부끄러웠습니다.!"

말을 못내 끝내지 못하고 흐느끼는 임 장로님의 울음 섞인 음성을 들으며, 그제야 까닭을 알고도 납득이 되지는 않았다.

'무슨 대단한 말도 아닌데 저 야단이지. 나는 그냥 할

말을 했을 뿐인데 뭐 그리 감동이 되고 은혜가 됐다고 저
럴까? 당황했다.

모든 것이 되신 주님

가난한 자의 만족이 되시는 주님
억울한 자에게 위로가 되시는 주님
갇힌 자에게 자유가 되시는 주님
소경에게 눈이 되시는 주님
앉은뱅이에게 다리가 되시는 주님
벙어리에게 말이 되시는 주님
귀먹은 자의 소리가 되시는 주님
고아의 아버지가 되시는 주님
과부의 남편이 되시는 주님
고통이 있는 자의 안식이 되시는 주님
자랑이 없는 자의 아름다움이 되시는 주님
죄인에게 속죄양 되시는 주님
죽음이 있는 자의 부활이 되시는 주님
모든 것의 모든 것이 되시는 주님

내가 너를 들어쓰리라

너는 가라! 가서 네 몸만 보여도 된다.

그렇게 바쁘게 인터뷰와 집회를 하는데 세상은 나를 '인간 승리의 표본'으로 만들려고 했다.

하지만 나의 모든 생활은 인간 승리가 아니라 하나님이 늘 나와 동행하시고, 주님의 말씀을 들으며, 그분의 모습을 보면서, 그분과 함께 기쁘게 살아가는 생활 그 자체였다.

하루는 나의 신앙생활을 인간적인 노력이나 절망을 극복한 체험으로 단정한 '슬픔을 시에 담았다'는 모 여성 잡지의 취재 타이틀을 보았다.

무척 화가 났다. 나를 더욱 분노케 한 것은 믿는 잡지의 취재 타이틀마저도 '하나님의 영감 받아 시를 쓰다'라는 말로 표현했다는 것이다. 상당히 신경이 쓰였다.

'하나님이 불러주시는 대로 쓴 대필자' 라고 말한 것은 별다른 의도가 없었고 단지 하나님의 음성을 듣는 것은 나의 일상생활이었다. 하나님은 예술가의 예술가이시다. 만약 그렇지 않다면 하나님이 만드신 산과 바다와 푸른 하늘로 작은 들풀에 이르기까지 그렇게 아름다울 수 있을까? 그분이 계신다는 것을 인정하면서도 그분이 지금도 아름다움을 창조하신다는 것을 사람들이 왜 쉽게 받아들이지 못하는지 알 수가 없었다.

정상적으로 말하는 사람도 갑자기 교회 강단에 올라가서 말을 하면 떨려서 말을 제대로 못한다고 하는데, 말하기 불편하고 많은 사람에게 부자연스런 모습을 보여야 하는 나로서는 집회에 참석하는 것이 정말 쉽지 않았다. 더군다나 무슨 말을 해야 되는지도 몰라서 늘 막연했다. 그렇게 정신없이 집회를 바쁘게 다니다 보니 가끔은 확실한 목적도 없이 단에 오르는 외로움을 견딜 수가 없었고 모든 것이 지쳐 있었기 때문에 집회에 대한 투정이 늘어갔다.

기운이 없어 말은 안 나오고 늘 피곤했지만 전날의 그 소원을 생각했다. 예수 그리스도의 비밀을 사람들에게 전하고 싶어도 전할 사람이 없어서 안타까움에 목이 메이도록 울었던 그 때... 이제는 많은 사람에게 복음을 전하게 되었는데 사람들은 예수 그리스도의 그 비밀을 아는 것보다 오직 나의 외모에만 관심을 쏟는 것에 또 화가 났다.

"장하구먼, 저런 사람도 저렇게 감사하는데 우린 온전한 몸으로 말도 잘 하잖아. 감사해야지... 암, 감사하며 살아야 해요!"

"나를 보고 비교해서 감사하다니! 사람의 외모만을 판단하고... 예수님의 은혜에는 관심도 없다니..."

그래서 나는 이런저런 스트레스를 못 견디며 말했다.

"나는 기도하고 시 쓰는 사람이지 간증하는 사람이 아니야! 난 더 이상 사람들의 놀림감이나 감사하게 만드는 비교물이 되고 싶지 않아!"

어느 날이었다.

"너는 가라. 너는 가서 그들에게 네 몸만 보여도 된다.!"

하시는 하나님의 말씀에 더 이상 핑계나 투정을 부릴 수가 없었다.

그래서 바쁘게 집회를 다녔다. 나를 보내시는 하나님의 뜻을 목적 삼아서 교회와 학교와 소년원에도 갔었다. 그러나 집회가 늘어감에 따라 복음 전파의 목마름이나 사람들을 사랑하는 마음으로 가는 것보다 그렇지 못할 때가 많았다.

　소년원을 처음 갔을 때는 그 아이들이 안타깝고 측은해서 목 놓아 울었었다.

　"다들 멀쩡해서 어쩌자고 이런 데를 들어왔을까? 하나님! 저 아이들을 버리지 마옵소서! 주님마저도 저들을 버리시면 저 아이들이 어떻게 됩니까?"

　푸른 수의를 입고 있는 그들을 서글프게 봤지만 그런 마음은 점점 사라지고 그들이 속상하고 원망스러워져 갔고 분한 마음이 들기까지 했다.

　"아니! 멀쩡해서 나쁜 짓 하다가 이런데나 들어와? 건강한 팔다리로 도둑질이나 하고, 맘대로 살다가 이런 곳이나 오고… 나 같은 사람 데려다 놓고 뉘우치지도 않는 인간들. 힘들게 온 사람 놓고 손톱깎이로 발톱이나 자르는 녀석이 있질 않나. 볼펜 가지고 놀고, 졸기나 하니 거룩한 것을 개에게 줄 뿐이야!"

　이런 감정이 있을 때는 아이들도 더 수선스러웠다. 한동안 소년원이 가기 싫었지만 끌려가듯이 다녔다. 그래서 그런 곳을 갈 때는 간구한다.

　"하나님! 저들을 사랑하는 마음을 나에게 주소서!"

　사람들이 나를 보고 울면,

'뭘 보고 저렇게 울지? 사람 앉혀놓고 동정하는 건가?'

사람들이 무감각하면,

'메마르고 딱딱한 사람들! 무슨 말을 해도 뺀질거려!'

사람들이 반응을 안하면,

'웃지도 않네? 힘들다. 힘들어!'

이렇게 신경이 예민졌다가 둔해졌다가 '나는 이게 뭐야!' 하다가 '보내시면 어디든지 가겠습니다!' 하면서 결단과 번민이 교체되었다.

십자가의 길 나는 가야 해

십자가의 길
외롭고 고독한 길
누구도 함께 하지 못하는 길
주님이 가신 것처럼
나도 가야 해
외롭고 힘들어도
내가 원하든
내가 원치 않든
싫어도 좋아도
내가 가야 하는
십자가의 길
나는 가야 해

힘없이 쓰러지고
넘어져도 주가 너를
일으켜 주시리니
나와 함께 하시는
주님을 바라보고
십자가의 길
나는 가야 해
죽음이 있어도
주님이 가신
십자가의 길
나는 가야 해

결혼? 그 선택

　그러는 중에 나는 선택해야 할 일이 생겼다. 결혼 문제였다. 열일곱 살 때 거듭난 체험을 하고 난 후 어머니가 끝내 이루지 못했던 서원, 독신으로 더럽히지 않고 깨끗하게 예수님과 동행하는 길을 어린 나이에 서원했던 것에 감히 끼여드는 이물질이 생긴 것이다.

　내가 세상에 알려지자 어느 젊은 전도사님의 프러포즈를 받게 되었다. 그 전도사님은 나에게 그런 말을 할 수 없어 어머니에게 자기 의사를 밝혔고, 어머니로부터 그 말을 전해 듣고는 황당하고 가슴이 떨려왔다. 왠지 모르는 화도 치밀어 올랐다.

　"아니! 날 어떻게 보고 그런 말을 하는 거야!"

　매몰차게 거절했다. 그 전도사님은 자신이 썼다던 자작

시를 선물로 남기고 다른 여자와 결혼하여 미국으로 떠나 갔다.

그런데 다른 전도사님에게서 청혼의 편지를 받고 다시 격분하기 시작했다.

'좀 유명세를 타니까 무슨 영웅이 되겠다고… 순간적인 애정과 동정심에 의해 이러는 것인가. 자기는 영웅 되고 나는 억누르는 짐이 되어 누구 신세 망쳤다는 원망을 들으라는 것인가. 아니면 유명세를 노린 흑심 품은 수작인가' 하여 불안했고 나름대로 각본을 만들어 보기도 했다. 만일 어떤 남자가 내 앞에서 무릎이라도 끓고 찰거머리처럼 끈질기게 매달리면서 그래도 안 되면 "나와 결혼해주지 않으면 난 자결하겠다" 하고 극단적으로 나온다면 나는 어떻게 해야 하는지. '만약 힘으로 우격다짐으로 몰아붙이며 위협해오는 나쁜 사람이 나타난다면 부모님은 나를 어디까지 지켜줄 수 있을까' 하는 불안한 마음에 눈물로 밤을 지새웠다.

그 전도사님에게도 역시 겁에 질려 냉정하게 편지를 써 보냈더니 정중한 사과 답장이 왔다.

또 어느 날은 교도소에서 출감한 사람이 전화도 없이 불쑥 찾아와서 대뜸 나와 결혼을 하라는 기도 응답을 받았다고 하는 말에 우리 가족은 다시 놀랐다.

나는 아무 응답을 받지 않았다며 잘 타일러 돌려보냈다.

그 이후에도 교도소에서 편지들이 날아와 성의껏 답장을 해주었는데 엉뚱하게 결혼하자는 내용의 흑심을 품은 편지들이 있어 나를 자극시켰다. 타일러보고 호된 야단까지 쳤지만 돌아오는 것은 저질적인 욕설뿐이었다. 별 수 없이 교제를 끊고 교도소에서 오는 편지에는 비상등을 켜고 친절하게 하지 않았다.

그런가 하면 주위 사람들도 한 몫 거들었다. 언제까지나 부모님이 살아있는 것도 아닌데 결혼을 해야 되지 않겠냐는 말들에 '결혼'이란 말만 들어도 과민 반응이 나타날 정도였다.

그러나 진실로 내가 견디기 힘든 것은 내 마음의 갈등이었다. 나의 이상형의 사람들이 나타나자 감정을 걷잡을 수가 없었다. 남자가 좋아서 길 가는 남자 뒤통수만 봐도 유혹을 느낄 만큼 나의 본능이 나를 괴롭혔다.

그러나 그런 감정이 전혀 없다면 나는 완전히 '나'를 정복했거나 아무것도 느낄 수 없는 백치일 것이다. 나는 다만 사람의 본능과 감정을 가진 인격체였기에 한없이 외로웠고 속에서는 정욕의 불길이 용광로처럼 타올랐다.

"사람의 독처하는 것이 좋지 못하니..."

창세기의 말씀을 인용한 설교를 많이 듣고 나는 되물었다.

"왜 그것이 이성간의 성관계에만 해당된다고 단정하는 것인가? 그것은 예수님과 우리의 관계를 말씀하신 뜻도 되지 않는가?'

반문도 있었고 공허한 외로움도 뒤따랐다. 고린도전서 7장을 생각하며 사도 바울의 고집스런 독신 주장에 공감하면서 그 고집을 닮아가려고 애를 쓰기도 했다.

몇 해가 가고 이십대 후반에 들어서자 주위에서 결혼 청첩장을 보내왔다.

'내가 과연 그들의 초대를 받아 그 자리에 가서 신랑, 신부가 서로 마주 보는 모습을 어떻게 봐야 할 것인가?'

신부의 하얀 웨딩드레스와 면사포, 그 부모님들의 흐뭇해하는 모습 속에 초라한 나와 나의 부모님을 연상하며 서원했다. 어떤 결혼식에도 가지 않겠다는 결심 끝에 결혼식 초대를 피치 못할 사람에게서 많이 받았으나 몸이 아프다거나 집회가 있다며 또는 신랑, 신부의 양해를 받아서 피해왔다. 어쨌든 나는 갈 수가 없었다.

내가 잠시 좋아했던 한 남자도 급기야 우여곡절 끝에 결혼을 해 떠나버렸다. 그의 결혼식 날 집회를 인도하게 되었는데 하염없이 눈물을 흘렸더니 사정을 모르는 성도들은 민망하게 쳐다볼 뿐이었다. 그 무렵 극동 방송에 갈 때마다 김장환 목사님은 이렇게 말했다.

"야! 너는 언제나 시집 갈거냐?"

그 말을 들을 때마다 얼굴이 붉어졌다.

남자에 대한 불신과 그리움이 교체되면서 심적 방황이 있을 때마다 예수님이 내 우편에 앉으시고 다정하게 말씀하셨다.

"나는 너의 남편이다! 내가 너를 사랑하는 것이라. 나는 너를 떠나지 않으리라!"

나에게 입 맞추며 수없이 안아주셨다. 주님의 사랑이 없었다면 나의 서원은 어떻게 됐을까? 어머니처럼 '그 누군가와 결혼을 한다면...' 하는 시나리오를 상상해 보았다. 지금 나의 생활과는 전혀 달랐을 것이다. 한 남자에게 속해 그 사람만을 사모하고 그러다가 아이를 낳아 가족들에게 얽매인 여인네로 주저앉고 여자가 해야 될 모든 가정 일을 남자가 다 해야 하기 때문에 버림받고 무시당하면서 딴 여자와 관계를 가져도 아무 말 못하고...

나 너를 위해

나 너를 위해
몸 버려도
아깝지 않은 것은
너를 내 몸보다 사랑함이라

나 너를 위해
십자가 짊어져도
슬프지 않은 것은
내가 너를 기뻐함이라

나 너를 위해
일찍 죽임을 당했어도
억울하지 않은 것은
너를 살리고자
내가 죽었음이라

나 너를 위해
부활하여
영광을 보이노라

나 너를 위해
세상에 다시 오리라

주위에서는 이렇게 말할지도 모른다.

"저런 여자하고 같이 사는 남자는 참 훌륭해! 저런 남자가 어딨어!"

결혼에 대한 미련과 불안은 사라져갔다. 또 이런 터무니없는 스캔들도 나돌았다.

"송명희 시인이 아무개와 결혼했대!"

어느 중 · 고등부 집회에 가서 순서지를 보니 '송명희 사모' 라고 적혀있어 한바탕 웃었다.

순서를 마치고 나오는데 어떤 여자가 물었다.

"바깥어른은 왜 안 오셨나요?"

내가 삼십대 초반이 되었을 때 남자 친구가 또 떠나갔다. 곁에서 보던 사람들이 그 친구와 내가 잘 어울린다고 부추겼는데 그런 그가 삼십 대 후반의 노총각 허물을 벗고 지금은 장가들어 아이도 있다.

나의 감정은 무덤덤하다. 남자에 대한 그리움이 바닥났고, 그런 감정을 다스릴 수 있는 힘도 생겼다. 오히려 혼기 놓친 여자들에게 결혼을 강요하는 사람을 설득한다.

"결혼해서 불행하느니 자유롭게 사는 것도 괜찮아요! 혼자 살 수 있는 능력만 있으면..."

다만 나를 몹시 불안하게 하는 것은 부모님의 건강이

다. 그리고 가족 동반 시 부부가 함께 자녀들을 데리고 올 때 약간 따돌림을 받는 것 같기도 하다. 그들의 이야기를 들으면 살림살이, 애들 얘기로 웃어른들의 대화처럼 느껴질 때가 많다. 옛말에 '남자는 상투를 틀어야 어른이 되고 여자는 머리를 올려야 어른이라' 는 식으로 나는 나이만 먹었지 세상 물정 모르는 사람으로 인식되는 것 같아 가끔 속상하다.

그러나 그런 건 내가 선택한 대가이므로 나는 오히려 내가 선택한 자유에 대해 만족한다. 자고 싶을 때 자고, 일 하고 싶을 때 맘대로 일하며 속박당하지 않는 나의 자유는 주님만이 간섭하시는 부분이다.

3

chapter three

세계를 향해 간다

비행기는 새로운 모험

책이 나왔던 그 해 1985년 초거울 무렵 부산에 오라는 집회 요청을 여운학 장로님이 전해주었다. 먼 거리라 항공편을 예약해 두었으니 비행기로 오라는 청탁을 받고, 난생 처음 타는 비행기라서 기쁘기도 했고 떨리기도 했다. 그 당시로는 항공편 국내 이용이 보편적이지 않아서 비행기로 부산에 간다는 것은 불안하면서도 새로운 모험이었다.

"비행기를 어떻게 타야 하지? 많이 어지러우면 어떻게 할까? 만약 자리가 없어 날개 위에 앉아 가라면 어떻게 할까? 잘못해서 떨어지면?"

초청하는 측에서도 불안했는지 여운학 장로님과 같이 오라고 해서 어머니와 나, 그리고 여 장로님이 함께 부산을 가게 되었다. 비행기 타는 날을 하루 앞두고 설레임과 불안감에 밤을 새다시피 잠을 설치다가 아침이 되어 바쁘게 준비해서 김포공항으로 가는데, 공항이 가까울수록 숨이 차고 가슴이 떨리고 저만치서 비행기가 떠올라가는 게 보여 더 어지러웠다.

"주님이 손으로 비행기를 들었다 놓으시는 겁니다. 주님 손 안에 내가 탄 비행기가 있나이다!"

공항에 도착하자 보안 수색을 받았다. 건물 안에 들었을 때, 많은 사람들 때문에 복잡하기도 했지만 깨끗하고 멋있는 공항 건물과 안내 서비스를 담당하는 사람들, 생소한 모든 것에 나는 놀랍기만 했다.

"이 사람이 비행기를 탈 수 있습니까? 혹시 잘못되는 일이 있더라도 항공사에서 보상할 수 없다는 각서에 서명하십시오!"

불쾌했으나 입술을 질끈 물었다.

'내가 비행기 한 번 못 탈까봐?'

트랙을 올라 비행기에 오르는 순간 가슴이 뛰기 시작했다.

"과연 어떻게 생겼을까?"

비행기 안은 나 하나 태우기에 충분했고 스튜어디스의

서비스도 좋았다.

비행기가 땅에서 오를 때 조금 어지럽기도 했지만 신기했다. 40여 분을 하늘에서 있었지만 귀가 조금 먹먹할 뿐 불편함은 없었다. 이렇게 시작된 비행기 여행이 미국까지 가게 했다.

1985년에 책을 출판하고 많은 사람을 알게 되는 가운데 오석락 변호사님과의 만남이 있었다.

그는 「키다리 아저씨」에 나오는 키다리 아저씨처럼 크리스마스 선물을 챙겨주셨고, TV드라마에나 나오는 크고 멋진 레스토랑으로 초대하여 생전 처음 먹어보는 입에서 살살 녹는 음식들을 맛보게 해주었으며, 호텔 뷔페식당과 인천 앞바다의 회집을 데리고 가기도 했다.

그때마다 나는 영문도 모르는 채 끌려 다녀야 했다.

"도대체 이 분이 왜 이러실까?"

내가 식당을 가는 것은 꿈도 못 꿀 때였다. 그냥 가는 것도 힘든데 왼손에 수저를 쥐고 반 이상 경사져서 빨아먹듯이 하는 식사 모습을 다른 사람들에게 보인다는 사실이 싫어서, 가족들 외엔 나와 함께 식사해 본 사람이 손꼽을 정도로 밖에 없는데, 그런 식사 초대를 거절만 할 수 없어 조심스럽게 따라간 것이 어느새 조금씩 익숙해져 갔다.

오늘 하루가

오늘 하루가 지나가는 것이
잠시인 것과 같이
이 세상의 고통도 천국에
가서 보면 잠시이리라
우리는 나그네니
우리의 삶이 하루와
같이 짧으리라
오늘 하루가
지나가는 것이
긴 것과 같이 천국의
기쁨도 끝없이 길리라
우리가 지금은 나그네이나
천국에서는 영원히 주인 되리라
우리의 하루가 짧은 것과 같이
하나님의 천 년은 하루처럼 짧고
우리의 하루가 긴 것과 같이
하나님의 하루는 천 년같이 상세하리라
우리는 하나님의 나그네이며
우리는 하나님의 백성이라

세계를 품는 나라 미국

한번은 미국 LA에 가게 되었다. 극동 방송을 통한 보름 간의 선교 여행이었는데 출국 당일까지 비자가 나오지 않아 아슬아슬했다. 무슨 일이 있어도 보상할 수 없다는 각서를 또 썼다. 유관지 목사님이 안내자가 되어 어머니와 함께 한국을 떠나던 날, 무슨 이민이라도 가는 것처럼 기쁨보다는 슬픔이 앞섰다. 아버지와 동생과 친척들과 작별하여 출국 수속을 마치고 노란 머리와 까만 피부와 파란 눈동자의 사람들과 밤 비행기에 몸을 실었다. 비행기 좌석에 앉고 보니 마음이 조금 놓이고 열세 시간의 긴 장거리 여행에 별 탈은 없을까 염려되었다. 하지만 그 이상으로 불안해하시는 유관지 목사님의 상기된 얼굴을 보며 나는 결심했다.

'아무 일 없다는 걸 아시게 할 거야! 괜찮았다는 말이 나올 수 있도록 해야 돼'

그 미국행에는 말도 많았다.

"물이 갈리면 설사도 하고 기내식도 좋지 않아."

"미국에는 의사 진단서 없이는 약을 못 산대. 비상약을 가져가 봐."

"미국은 하도 넓어서 여기는 춥고 저기는 더워. 겨울 옷, 여름 옷 다 가져가 봐."

실상 미국에서는 준비할 사항이 없었다. 겨울 옷, 여름 옷과 비타민, 설사약, 진통제, 소화제까지 상비약이라기 보다 약국을 차릴 정도로 싸서 이민 가방처럼 큰 짐을 책 박스와 함께 가지고 갔었다.

예상과는 달리 기내식이 괜찮았고 화장실 출입도 적응할만했으며 긴 장거리 행로라서 다소 피곤하기도 했으나 무엇보다 새로운 것을 경험하리라는 설렘이 있었다.

기내에서 식사를 하며 오 변호사님이 자주 외식을 시킨 이유를 알 수 있었다. 오 변호사님의 식사 훈련이 식사하는 일에 큰 도움이 되었기 때문이다.

한국 땅을 벗어난 첫 느낌은 마치 달걀에서 병아리가 껍데기를 깨고 새로운 세계를 향해 나오는 느낌, 누에고

치의 탈의의 느낌이었다. 장차 새로운 세계로 나아갈 때 우리가 불완전한 육체를 벗고 새롭게 변화되어 날리라 생각하며 그렇게 태평양을 건너갔다.

2월 초, 제법 추운 늦겨울인데 내가 도착한 LA는 3,4월의 기후처럼 따뜻한 도시였다.

'과연 인심도 봄과 같이 따뜻할까?'

인심이 따뜻한지는 알 수 없었지만 LA의 이색적인 풍경과 깨끗한 아침 공기에 흠뻑 반했고 또 크고 짙은 녹색의 열대 나무도 매우 신기했다.

미국인 교회에서도 크다는 갈보리교회에서 김장환 목사님의 통역으로 말 한마디를 했는데 4천 명 이상의 미국인이 모두 기립 박수를 치는 바람에 수줍어하기도 했다.

피부색과 머리색과 눈빛이 다 다양한 인종, 그만큼이나 많은 자동차들이 있는 미국은 왠지 모르게 끌리는 무언가가 있었다. 한번쯤 주저앉고 싶은 유혹을 느꼈지만 나라 없는 유목민도 아니고 불법 체류자가 된다는 것은 신앙적 양심으로나, 내 자존심으로는 용납하지 못할 일이라서 약속대로 3주 만에 LA와 하와이를 들러 귀국했다.

구석방에서 살아온 내가 세계를 날다니! 꿈만 같았다. 김준원 목사님의 멋진 가이드로 LA에서 디즈니랜드와 헐

리웃의 유니버설 스튜디오에 가서 꿈에서도 생각 못하는 실감나는 스릴을 즐기기도 했다.

감격스러웠던 첫 미국 선교 여행이었다.

그 뒤로 7년 동안은 미국으로의 선교 여행 기회가 주어지지 않았지만, 다시 7년 후부터는 미국에 갈 수 있는 기회가 그전보다 많아졌다. LA와 워싱턴과 뉴욕, 그리고 뉴욕에서 나이아가라를 가기 위해 버펄로로 해서 시카고에서 디트로이트로, 라스베이거스에서 행락과 세계적인 조명 기술을 보고, 또한 한눈에 담기 힘들 만큼 장대한 그랜드 캐년의 절벽도 볼 수 있었다.

영화에 나오는 샌프란시스코의 금문교 앞에서 포즈를 잡았고 포틀랜드, 덴버의 록키산맥에도 오르며 연한 쇠고기 스테이크를 맛보았고, 캐나다의 토론토와 몬트리올 등 해마다 1회 이상 미국을 다니며 '대륙의 땅, 미국'을 만나고 돌아왔다.

땅이 커서 그런지 감자 하나, 햄버거 하나도 크고 사람들 체구도 다 큰 것 같고, 그들의 마음도 넓고 세계를 품는 나라답게 큰 땅! 왜 하나님은 미국만 크게 만드셨을까? 좁은 땅 때문에 서로 싸우고, 땅 때문에 교통 체증이며 집세 파동이 일어나고 땅 때문에 정신적인 여유마저 없는 우리 생활과는 달랐다.

시카고의 한인 교포 김계석 권사님 자택에서 숙박하면서 어느 새벽에 천둥소리와 번개 빛에 놀라 잠을 깼는데 그처럼 큰 번개와 천둥은 난생 처음 보았다.

또 그곳은 우리나라에 비해 권위의식이 비교적 적어서 만나기조차 힘든 사람들의 집에 민박을 하며 그들의 생활 속에 들어가 희로애락을 경험하기도 했다.

김동길 교수님의 사촌 동생이 되는 분의 시카고 집에서 민박을 했는데, 내외가 의학 박사였으나 검소하게 살면서 수입금으로는 해외 선교에 쏟아 붓는 열정을 보고 내심 부러워했다.

교포들의 이 집 저 집을 가보면 대개 그 자녀들을 해외 선교지에 선교사로 보낸 집들도 있고, 방황하는 자녀 문제로 애태워하는 사람들도 있었다.

우월심 강한 백인과 게으르고 횡포가 심한 흑인들 사이에서 부지런하고 최선을 다해 배우고 견뎌온 그들에게 미국인조차 격려의 박수를 보내는데, 그들의 2,3세들은 모국어를 몰라 부모와 자식의 대화마저도 안 통해서 겉은 한국 사람이고 속은 미국 사람이 된 가여운 이방인들!

못하면

오늘 감사하지 못하면
내일 감사하지 못하고
지금 기뻐하지 못하면
후에 기뻐하지 못하고
이제 찬양하지 못하면
항상 찬양하지 못한다.

오늘을 감사하라
내일도 주시리라

하루를 기뻐하라
영생을 얻으리라

항상 찬양하라
살아 있으리라

그러나 그들의 장애인에 대한 편의 시설과 서비스 정신은 배울 점이 많았다. 나의 핸디캡에 대해 묻거나 민망할 정도로 쳐다보는 일이 없어 장애가 부담이 되지 않는 곳이었다. 그래서 미국만 가면 더욱 당당한 나 자신을 보면서 자유롭게 다닐 수 있다가도 귀국행 비행기가 착륙할 때는 내 나라에 왔다는 반가움도 있지만 새장 속에 들어가는 새처럼 답답함도 느낀다.

1995년에는 LA에서 이종용 목사님을 만났다. 사춘기 시절 그의 노래에 눈물지었는데... 긴 장발과 청바지, 통기타의 그가 대마초를 피워 구속이 되고 구치소에서 예수님을 영접해 목사가 되고... 그런 그와 마주 앉아서 식사를 하는 감회의 만남이 있었다.

홍정길 목사님은 우리의 만남을 보고 이렇게 말했다.

"이종용 목사님은 '너'를 불러 히트시켰고, 송명희 시인은 '나'를 히트시켰네요."

절과 부적이 많은 일본과 대만

섬나라 일본에 초대를 받아 도쿄에 갔는데, 큰 나라 미국과는 달리 모든 게 우리나라보다 더 작았다.

일본에 대한 적대감에서인지 공항에 내리자마자 불쾌함이 일었다. 출입국 관리 직원이 패스포트를 달라고 했지만 어머니가 말을 못 알아듣고 여권을 주지 못하자 그들은 서로 비아냥거리듯이 속삭였다. '조센징'이라는 그들의 숙덕거림에 충격을 받았다. 그래서인지 교포들의 "하이! 하이!"가 썩 좋게 들리질 않았다. 매스컴에 떠들썩한 정신대는 아직도 있었다. 젊은 한국 여성들의 매춘 행위가 지금도 일본에서는 일반화되고 있음을 알고, 지나간 과거의 배상은 고사하고 지금 벌어지고 있는 그들의 만행에 분통이 터졌다.

돈 한 푼에 아르바이트로 매춘 행위를 하고 있는 한국 여성들! 저녁에는 교회에 나와 회개하고, 깊은 밤부터 새벽녘까지는 또 몸을 파는! 이런 일을 반복하는 우리의 딸들이 거기에 있었다.

일본은 절이 많아서 교회 맞은편에도 절이 있고 도로 중앙에, 사당에도 우상이 가득하며, 섹스 문화까지 번잡한 나라였다. 친절한 미소와 애교스런 말투가 있었지만 왠지 억지 같고 얄밉게만 보이는 그들에게도 과연 복음을 전해야 하는가 고민했었다.

"복음을 그들에게도 전해야 한다!"

하나님의 말씀대로 복음을 전하고 나니 저들에게도 복음이 필요한 것을 알고 비록 경제는 앞섰지만 하나님 나라와는 멀어 매우 안타깝다는 감정이 일기 시작했다. 진정으로 복음이 들어가야 할 그곳, 일본을 향해 우리 한국교회들이 문을 열어야 된다고 생각했다.

또한 일본 공항에서 물건을 사며 그들에게 정직한 사업관과 투철한 서비스 정신을 배워야 한다고 생각했다.

최덕신 집사님과 함께 대만에 간 적이 있었는데, 거기는 부적이 많은 나라였다. 여기도, 저기도 부적이 붙어있고 붉은 등과 붉은 글자가 많았다. 중국 문화는 고운 빨간

색이 아니라 고춧가루 색으로 찌들어 있었다. 그러나 중
국인들은 순수했고, 다른 사람 말을 잘 들으려는 느긋함
이 있었다.

돌에 기도하는 사람은

돌에 기도하는 사람은
돌처럼 되고
나무에 말하는 사람은
나무와 같이 되며
죽은 사람에게 비는 사람은
죽은 사람처럼 죽으나
살아 계신 하나님을
사랑하는 사람은
하나님과 같이
영원히 살리라

마리 앙투아네트의 파리와
신사의 나라 영국

1996년 2월부터 3월까지 이스라엘 성지를 순례하기 위해 미국에 가서 집회를 하고 유럽을 갔었다. 낯선 불란서 사람들의 "봉쥬르"하는 인사를 받으며 프랑스 비행기를 타서 보니 동양 사람은 우리 세 사람밖에 없었다. 알아듣기 힘든 영어도 그나마도 들을 수 없고 단어 하나 알지 못하는 불어의 세계에서 열한 시간 동안 언어의 장벽을 느끼며 바벨탑 사건을 원망했다. 언어 개념, 날짜 개념, 시간 개념을 잊은 채 파리 공항에 도착하여 프랑스 공항 관리 안내 요원의 안내를 따라서 곧 바로 출국 수속을 하여 영국으로 가는 에어 프랑스로 또 갈아탔다. 비행기를 잘못 타면 어찌할까 하는 불안과 기도 속에 생리 본능(화장실, 시장기, 피곤함)까지 참아가면서 영국에 갔다.

약 한 시간 만에 영국에 도착했는데, 사람이 비행기에 못타면 어떡하나 하는 염려 때문에 물건을 못 실으면 어떡하나 하는 걱정까지는 할 여유가 없었는데, 사람은 영국에 왔는데 짐이 분실되고 만 것이다. 말이 통하지 않는 영국에서 어찌할 바를 몰랐다. 엉겁결에 대합실로 나가서 처음 만나는 김북경 목사님(런던 한인교회)과 고무송 목사님의 사모님을 만나서 짐은 찾지 못한 채 런던 도로를 달렸다.

3월 1일 금요일, 저녁 5시 경에 도착한 런던의 풍경에서 이색적인 운치를 느끼고 싶었으나 그럴 마음의 여유가 없었고 별다른 풍경도 보이지 않았다. 하지만 검소하고 경직된 듯 하면서도 자유로움을 엿볼 수 있었고, 김 목사의 저택에서 3박 4일을 지내게 되었다.

우리가 런던에 도착한 후 다음날 오후에 우리의 사랑스런 짐은 에어 프랑스의 성실함 속에 무사히 도착했으나, 그동안 우린 속옷조차 갈아입지 못한 채로 제임스 강을 거닐었으며 윈저궁을 구경해야만 했다. 그곳에서 영국의 왕들과 그들의 황태자들이 생활했던 화려하고도 규율적인 생활의 면면을 알 수 있었다. 섬세하고도 거대한 그림들이 벽을 두르고 천장에 둘러있는 것을 보며 우리나라의 고적지에서 볼 수 없는 웅장함을 보았다.

빅토리아 여왕의 조각상 앞에서 한 여인의 부귀와 영화를 보며 여자로서의 시샘도 느꼈다. 예상한 대로 가톨릭의 문화 공법에 의해 어디든지 십자가의 모양이 부적인 양 새겨 있었다. 성스럽다는 성당 안 바닥에는 옛 시대에 치부를 누렸던 죽은 자들(왕, 황태자, 백작, 성인 등)의 무덤이 있고, 붉고 작은 촛불이 곳곳마다 옹기종기 있었는데 양쪽 가에서 고해 성사를 하고 있는 가운데 관광객들이 오고가고 하는 이색적인 모습에 한참 동안 얼이 나가도록 보고 있었다.

중국 북경에서 출생했다는 김북경 목사님은 학자처럼 검소하고 소박한 성품으로 처음 대하기엔 왠지 대쪽같이 곧은 인상이었지만, 그러면서도 나를 편안하게 해주려는 마음을 엿볼 수 있었다. 김 목사님을 깊이 알게 되면서 정직과 청렴한 생활로 런던 한인들 대부의 위치를 지켜가고 있는 한 목회자의 모습에서 배어나오는 은은한 멋과 맛을 느끼며 기뻐했다.

더욱이 자랑스러웠던 것은 5공화국이 출범되고 언론 통폐합의 바람으로 방송 생활을 떠나 외로운 사람 모세처럼 목회자의 길을 시작하고 영국에서도 외로운 나그네였던 고무송 목사님의 간증이었다. 우리나라에 복음을 뿌린 토마스 선교사에 대한 재연구 논문으로 영국 신학교에서 박사 학위를 받게 된 그 분의 드라마 같은 간증에 눈시울을 적시기도 했다.

다음날 주일은 런던 한인교회에서 집회를 하고 부리나케 두 시간 이상 승용차로 달려 옥스퍼드대학 내에 있는 한인 유학생 교회에 가서 집회를 인도하는 등 바쁜 일정 속에서 10시 경에야 런던 시내를 돌아보게 되었다. 웅장하고도 화려한 궁전의 모습에서 그 옛날 '천일의 앤'의 전설적인 이야기들이 눈에 선하기만 했다. 신사적이고도 절제된 압박감이 스며있는 듯한 안개와 부슬비의 나라, 도로가 좁고 다소 불편함이 없지 않았으나 그런대로 정취가 있음을 느끼며 그 다음날 파리행 에어 프랑스를 또 탔다.

3월 4일 월요일 오후 4시 경에 도착한 패션과 문화의 도시 파리, 그러나 "뭐가 이래?" 할 정도로 협소하고 너무나 평범해 보이는 게 파리의 첫 인상이었다.

프랑스 남자들은 하나같이 다 미남이었는데 비행기 승무원이 나를 번쩍 들더니 〈바람과 함께 사라지다〉에서

클라크 케이블처럼 좌석까지 나를 안고 갈 때의 짜릿함. 예수님이 나를 그렇게 안고 예루살렘 성에 들어가시겠지...

다음날 파리 코스타 개회 집회를 참가하고 숙박 호텔에 들어갔다. 코스타 이틀 밤 7시 20분 경에 나의 차례가 되었고 코스타는 언제나 그랬듯이 흥분과 긴박함이 넘치는 자리라서 떨렸지만 담대하고도 자유롭게 외쳤다.

이동원 목사님은 별 부담 없이 말했다.

"어이 명희 씨! 이럴 수 있는 거야? 자기 책에 내 이야긴 하나도 안 쓰고 딴 사람 얘기만 쓰고 말야?"

농담을 주고받으며 모두 나를 편하게 해주었다. 파리에는 예술계 유학생들이 많았다. 지적이고도 세련되어 보였지만 끝없는 외로움과 열등감과 어려운 환경, 넉넉하지 못한 경제력이 무겁게 짓누르고 있음을 알 수 있었고 연약한 그들의 정신 상태를 볼 수 있었다.

네 번의 집회 중에도 틈만 나면 파리 유적지를 부지런히 보았는데 베르사이유의 화려함, 루브르 박물관의 진품 그림들도 보았다. 그중에서도 모나리자의 미소를 실제로 보는 감격과 밀레의 생가에서 만종에 서린 배경을 보니 감회가 깊었으며 개선문을 돌아서 에펠탑을 보고 기어이

에펠탑에 올라가고 말았다.

나폴레옹의 권세와 왕족들의 영광은 루이 16세와 마리 앙투아네트의 죽음처럼 허무했고, 그렇게 치부를 누리기까지 무수한 사람들의 노역과 고통이 있어 거기에는 얼마나 많은 미움과 반항, 자유와 한 덩이의 떡을 외쳤던 부르짖음이 있었을까 떠올리며 많은 생각을 했다.

이런 과거의 역사를 가진 파리는 세계 문화와 패션의 선두 주자이지만 발전만을 우선으로 생각하지 않고 옛 것을 잘 지켜가고 있었으며, 거기야말로 유행에 상관없이 자기 멋을 중시하는 그런 나라였다.

몽마르트 성당과 노트르담 성당은 기념비적인 인상만 짙게 깔려 있을 뿐 그 이상의 것(예배, 기도, 신령함 등)을 기대할 수 없었고 '한국 교회가 아직은 따끈따끈하지만 이처럼 되지 말아야 할 텐데' 하는 경고를 듣기도 했다.

허욱 형제는 청각 장애인으로 대단히 멋있는 형제였는데, 그가 나에게 준 그림은 루브르 박물관에 걸린 그림보다 더 감동스런 그림이었다. 일주일간의 길고도 짧은 파리 일정을 마치자 이스라엘을 안내하기 위해 김준원 목사님이 LA에서 파리 공항에 도착했다.

한 덩이 떡에

한 덩이 떡에 만족하자
한 벌의 옷에 감사하자
채소를 먹으며 화목함이
살찐 소를 먹으며 불화함보다
나으리라
아름다운 솔로몬의 근심보다
말없이 핀 한 송이 백합의
웃음이 나으리라

사람이 무엇으로 사는가
오직
너는 하나님의 말씀으로 살라
그리하면
영생이 네 안에 거하리라
모든 인생이 허무하나
너는 이로 충만함 얻으리라

휠체어로 성지 순례 오! 갈릴리여!

3월 11일 월요일 오전 11시 경, 에어 프랑스 텔아비브 편을 타고 4시간 만에 드디어 이스라엘에 도착했다. 수염을 길게 하고 뭔가 못마땅해 보이는 표정의 랍비들이 비행기가 착륙하자 박수를 치며 "샬롬! 이스라엘! 할렐루야!" 외치는 소리에 이스라엘을 실감했다. "샬롬!"이라는 말이 전혀 어색하지 않게 들리면서 마치 내 나라에 들어온 것처럼 반가웠다.

공항 내에 있는 여경들의 미모는 세계에서 그렇게 아름다운 여인이 없으리만큼 고왔으며, 보이는 모든 것이 그저 신기하고 사랑스러웠다.

고속도로를 달리며 주님의 나라에서 고속도로를 달린다는 것이 꿈만 같았고 많은 차들과 불빛이 경이롭게 느껴지기까지 했다. 이스라엘 고속도로를 달리고 있는 차는 바로 우리나라 현대의 그레이스였고 예수님처럼 긴 머리의 젊은 유태계 운전기사는 나를 보고 아주 멋진 말을 했다.

"하나님이 몸의 건강을 주지 않으시면 더 건강한 정신을 주십니다.!"

예루살렘 근처의 호텔에 들어가 이스라엘에서의 첫날밤을 보내려니 가슴이 설레고 잠이 안 와서 거의 뜬눈으로 밤을 새웠다.

다음날 뉴욕새교회 이학권 목사님과 성도들, 볼티모아교회 이영섭 목사님과 성도들, 우리 일행을 합쳐서 29명이 관광버스에 몸을 실었다.

안내하는 김주경 목사님은 처음 만났는데도 전혀 낯설지 않는 넉넉한 미소와 자상한 가이드 솜씨와 해박한 성경 지식을 접목하여 부족함이 없는 은혜의 냇가로 우리를 인도하였다.

제일 먼저 우리의 발이 닿은 곳은 종려나무, 감람나무가 있고 지중해가 탁 트인 욥바 바닷가 피장 시몬의 집이었다. 기도 시간에 하늘에서 내려온 보자기 안에 들어 있는 온갖 부정한 짐승을 보고 부정하다고 소리 지르던 베드로, "하나님이 깨끗하게 하신 것을 부정타 말라" 하신 음성을 듣고 고넬료에게 갔던 베드로가 묵었음직한 허름하고 누런빛을 내는 3층 벽돌집에서 베드로의 숨결을 찾으려 했다.

버스를 타고 30분쯤 달려가 갈멜산에 도착해서 바알의 선지자들과 홀로 싸웠던 엘리야가 송아지를 놓고 물을 붓고 부르짖을 때, 하늘로부터 불이 내려 제물을 사른 돌을 마주보며 기도하면서 엘리야의 외로움은 어떠했을지를 떠올려 보았다. 그 간절한 절규에 응답하신 살아계신 하나님의 능력을 느꼈다.

들의 백합(백합이라고 해서 흰 꽃이 아니라 빨갛고 작은 꽃), 겨자씨 꽃인 유채꽃이 만발하고 종려나무는 큰 부챗살처럼 날개를 드리운 들의 풍경이 제주도 같기도 하고 강릉 같기도 해서 이스라엘인지 실감이 나지 않았다. 하루 종일 쉴틈없이 다녔지만 다음날은 갈릴리를 본다는 흥분감에 잠을 잘 수 없어 뒤척였다.

아침 6시에 기상해서 7시에 식사를 하고 간 곳은 갈릴리 해변가 나사렛, 고라신에 가고 벳새다에서 점심을 먹고 산상 수훈을 하신 잔디에 세워진 팔복교회를 가서 보았는데 교회에서보다 갈릴리 바다가 마주 보이는 잔디밭에서 주님의 향취를 더 느낄 수 있었다. 잔디에 옹기종기 앉은 사람들에게 "심령이 가난한 자는 복이 있나니 천국이 저희 것임이요..." 말씀하신 주님. 갈릴리 바다와 푸른 잔디가 있고 새들이 노래하고 들의 백합이 빨갛게 피어 나비를 부르는 정취를 좋아하신 새로운 주님의 멋을 발견했다.

또한 오늘날 갈릴리가 모든 산업이 진행되는 중요한 곳이 될 줄을 미리 아시고 갈릴리 주위에서 사역을 많이 하신 것인지, 아니면 주님이 그곳을 가셨기 때문에 그곳이 오늘날 요지가 될 수 있었는지도 궁금했다. 이사야서에 이방의 스불론과 납달리 해변 흑암에 있는 자들이 큰 빛을 보았고 하나님의 구원을 보았다는 말씀이 떠올랐다.

팔복교회 잔디에서 주님의 정취를 느끼려는데 일행 중 자상하신 이영섭 목사님이 주님의 가시 면류관을 만든 자시라며 가시 하나를 건네주었다. 주님의 이마를 찔렀던 가시에 나의 손끝을 찔러보려고 했지만 용기가 나지 않아 찌르지 못했다.

가버나움에 가서 베드로의 장모 집을 비롯하여 다 무너져 버린 기둥터를 보고 예수님의 말씀이 얼마나 능력 있는지 새삼 놀라움을 금치 못했다.

주님의 흔적을 찾으려고 하지만 잘 닦인 도로와 무너져 내린 건물 사이로 내리쬐는 태양빛과 관광버스들, 헌 건

물들과 가톨릭교회들이 공허함을 주기도 하고 흙, 돌, 나무와 풀 같은 것에서 주님의 냄새가 나는 것 같기도 해서, 눈물이 눈가를 적시고 주님이 밟으신 땅을 밟았다는 벅찬 마음에 울퉁불퉁한 돌밭을 휠체어로 올라갔다 내려왔다. 휠체어가 안 가는 곳에는 업혀서, 부축을 받아 걸어서 강행군을 하자니 몸이 안 아픈 데 없이 쑤시고 피곤했지만 그래도 너무나 행복한 가슴 가눌 길이 없었다.

'갈릴리 바다야! 너는 우리 주님을 보았겠지? 주님이 배 타시고 건너셨던 갈릴리, 너에게 나도 왔구나! 네가 들은 주님의 음성을 듣고 싶구나! 주님을 만났던 복 있는 갈릴리여!'

갈릴리 바다를 가슴에 안고 싶었는데 빨리 가자는 일행들의 말에 돌멩이 하나만 얼른 쥐어 주머니에 넣었다. 그날 밤도 내가 보았던 모든 것이 믿어지지 않아 잠을 설치고 다시 새 날이 되었다. 갈릴리 저쪽 편으로 도는데 요르단 위 팔레스타인 전방까지 도달하여 골란 고원 평지에 이르렀다. 푸르른 각종 풀들과 바나나, 오렌지, 각종 채소 농장이 눈에 들어왔다. 키부츠에서 베드로 고기를 처음 대했을 때, '맛이 어떨까? 베드로가 잡았던 고기, 베드로가 이 고기를 먹었을까? 우리 주님도...'

둥그런 유교병을 찢으며 난생 처음 먹는 베드로 고기는 입으로 느끼는 맛이 아니라 감동으로 먹는 맛이었다.

저녁 때 갈릴리 바다를 배를 타고 건넌다는 기쁨에 제법 세차게 부는 바람에도 신이 나서 뛰었다. 김주경 목사님의 주의사항 때문에 겁도 약간 났지만 비바람 몰아치던 갈릴리 바다를 잔잔케 하시고 제자들에게 "무서워 말라" 하신 주님을 느낄 수 있어 그지없이 좋았고 예상외로 너무나 낭만적이었다.

웃지 못 할 해프닝은 우리가 탄 배 저편으로 배 한 척이 지나가는데 유람선이라서 환한 불빛과 댄스 음악이 들려왔다. 일명 '디스코 배'라고 불리는 이 배가 갈릴리 바다에 다닌다는 사실이 나쁜 인상을 주기에 앞서 신기하고 우습기만 했다.

다음날은 예루살렘을 간다는 말에 또 잠을 못 자고 여섯시에 기상해 허둥지둥 버스에 올랐다 내렸다 하루 십여 번 버스를 탔다 내렸다. 계단을 오르고 내리고 세 사람의 목사님들이 업기도 했는데 멋쟁이 오빠 김준원 목사님이 나를 업은 일은 이번이 처음이었다. 휠체어를 들어주기도 하는 중노동에 나는 여러 사람들에게 그만 십자가 대용물이 되고 처음에는 팀 별로 나눠져 따로 따로 다녔지만 한

덩어리가 되어 융화되는 것을 보았다.

다시 갈릴리 주위로 해서 오병이어교회에 가서 비잔틴 식양의 모자이크 앞에서 사진을 찍고 커다란 연자 맷돌을 만져보았다.

"누구든지 나를 믿는 이 소자 중 하나를 실족케 하면 차라리 연자 맷돌을 그 목에 달리우고 깊은 바다에 빠뜨리우는 것이 나으리라..."

헤롯이 건축한 성들과 원형 극장, 나는 성경을 볼 때 헤롯이 늘 나쁜 짓만 하는 악인으로 생각했는데 당시에 헤롯은 대단한 건축가였다는 사실을 알 수 있었다.

요단강과 갈릴리에서 보트를 타고 즐기는 사람들, 눈 쌓인 헬몬 산과 사막, 절벽과 절벽 사이에 한 움큼씩 나 있는 풀을 뜯고 있는 양들을 돌보는 목자들이 그림처럼 보였고 가고 가도 끝없는 사막을 지나 여리고에 도착해 엘리사가 깨끗하게 한 우물을 보았는데 지금도 물이 맑았다.

예수님이 사단에게 시험을 받으시던 그 험난한 광야를 지나 예루살렘에 도착해 보니 안식일 전야제가 열리고 있었다. 안식일에 돌아다닌다고 우리 버스에 돌 던지는 유대인들, 돌 던지는 것은 일이 아닌가 생각했다.

한적한 도로를 지나 예루살렘 호텔에 가서 저녁을 먹고

아버지와 어머니가 하는 밤의 노래(코 고는 소리)에 역시 잠을 못 자고, 다음날 예루살렘이 마주 보이는 감람산과 겟세마네 동산에 올라 주님의 눈물에 가슴 적셨다. 암탉이 병아리를 날개 아래 품듯 이스라엘을 향해 베푸셨던 주님의 애정과 "너도 이 나라를 위해 기도하라"고 말씀해 주시는 비전을 받기도 했다. 주님의 무덤인 듯한 무덤을 보며 눈물을 흘리고 주님의 고난에 잠겼다.

예루살렘 호텔에 와서 간증 집회를 해달라는 요청에 집회를 '함께 선교단'에 있었던 신해인 자매와 이스라엘에서 집회를 하니 감회가 새로웠다.

또 새날이 되어 예루살렘 묘지 교회에 가서 주님의 십자가를 박아 세웠던 구멍에 오른손을 넣고 격해서 통곡을 했다. 실로암, 나사로교회와 히스기야가 만든 지하 수도를 지나 골고다 언덕을 가는데 주님 가신 길이기에 눈물이 나다가도 양쪽 가에 즐비하게 있는 점포들을 보며 속이 상하기도 했다. 가운데는 골고다, 양쪽 가에는 남대문시장인지 백화점인지 모를 정도로 이상하고 우스꽝스런 모습에 울다가 웃다가 하며 올라간 골고다 언덕에서 주님의 자취를 찾아보려 했다.

베들레헴교회 겸손의 문으로 들어가 성당을 보니 아기

예수 인형을 만들어놓고 거기에 기도하는 신부가 있어 가톨릭교회의 무기력함을 새삼 발견했다.

그날 저녁은 유대인 크리스천 공동체 키부츠의 집회에 참석했다. 식사를 하며 총 3천명 가량의 유대 기독교인들의 수가 날로 늘어나는 은혜가 있기를 기도하고 앞으로도 계속 기도하기를 주님 앞에 약속했다.

밤이 되어 이스라엘에서의 일주일간의 일주를 생각해 보니 가슴이 벅차서 누웠다가 일어나서 기도했다.

"하나님! 이 나라를 지켜 주옵소서! 주님께서 그렇게도 사랑하시고 아브라함과 이삭과 야곱의 맹세가 이루어진 이곳을 보호해 주옵소서! 주께서 저를 왜 이곳에 보내주셨는지 알았나이다. 이 나라의 평안을 위해 기도하는 것을 주님이 원하심을 알았사오니 이 나라의 샬롬을 위해 기도하겠나이다!"

다음날이 되어 마지막으로 통곡의 벽과 아랍인 사원과 6백만 명 유대인 학살 추모 기념관을 관람했는데 예루살렘성 출입구에서 다윗 왕을 만났다. 금색 옷을 입고 왕관을 쓴 가짜 다윗왕은 하프를 치며 "샬롬! 샬롬! 이스라엘! 샬롬 꼬레아!" 하는 노래를 불러 한동안 웃었다.

아브라함이 이삭을 바쳤던 모리아산의 제단, 솔로몬이

얼마나 아프실까

얼마나 아프실까
하나님의 마음은
인간들을 위하여
외아들을 제물로 삼으실 때

얼마나 아프실까
주님의 몸과 맘
사람들을 위하여
십자가에 달리어 제물 되실 때

얼마나 아프실까
하나님의 가슴은
독생자 주셨건만
인간들 부족하다고 원망할 때

얼마나 아프실까
주님의 심령은
자신을 주셨건만
사람들 부인하여 욕할 때

내가 너를 들어쓰리라

일천 번제를 하나님께 드렸던 그 자리에는 아랍인들의 사원이 화려한 금빛의 자태를 드리우고 우뚝 서 있었다. 제단터를 보려고 사원 안을 들어가는데 거룩한 땅이라고 해서 우리 일행 모두는 신을 벗고 가야 했다. 똥도 안 밟았는데...

들어가 보니 약 2천 평 안팎의 사원 바닥을 동화 「알라딘」에나 나옴직한 융단으로 수십 장을 깔아놓고 기둥을 잡아주는 천장 위의 모든 장식은 순금으로 되어 아랍인들의 종교성을 말해주고 있었다. 가운데에는 큰 바위 같은 돌 하나가 있었는데 바로 거기서 아브라함과 솔로몬의 모습을 연상했다.

아랍 사원에서 나와 통곡의 벽으로 갔다. "성전의 돌 위에 돌 하나도 남지 않고 다 무너지리라" 하신 주님의 말씀대로 무너져버린 성전, 서편의 벽만이 이스라엘의 슬픔을 말해주는 양 외롭게 서서 슬픈 자들의 기도를 받고 있었다. 벽돌 틈틈이 끼워놓은 기도문, 외국에 있는 사람들은 팩스로 보내면 다른 사람이 갖다 대신 끼워준다는 말도 들었다.

버스를 타고 약 10분쯤 가니 유대인 추모 기념관에 도착했다. 히틀러에게 죽어간 6백만 명의 유대인. "내 딸만은 쏘지 마세요!" 딸을 가슴에 꼭 안고 도망가며 부르짖는 어머니에게 사격을 가하는 독일군의 무정한 모습을 담은 사진과 생체실험을 하는 끔찍한 사진들과 무수한 시체들, 가스실과 화장터, 아우스비치 수용소 등 영화에서나 보았던 참혹한 광경들을 보니 헛구역질이 나올 정도로 속이 메슥거렸다.

수없는 전멸의 위기 가운데서도 그루터기처럼 남고 남아서 2천년 만에 나라를 찾은 유대인들! 그 어떤 고통 중에서도 두루마리 말씀만큼은 가슴에 꼭 안고 지켰던 믿음에서 유대인들에 대한 애정이 짙어졌다.

사막 가운데의 도시라서 사막, 광야, 빈들만을 연상하고 갔던 이스라엘은 너무나 푸르고 쾌적한 공기가 있었으며, 오염도가 비교적 적은, 젖과 꿀이 흘러넘치는 땅이었다. 역사적인 땅, 이스라엘을 떠나오면서 한순간 한순간이 아쉬웠고 '등잔 밑이 어둡다'는 말처럼 예수님을 메시아로 보지 못했던 유대인, 까만 옷의 랍비들, 아랍과 유대 경계선에 총을 메고 서 있는 이스라엘군과 아랍군, "원 달러!"를 외치며 구걸하던 아랍 꼬마들과 상인들, 수도사들과 신부와 수녀들과 이방 여행객들… 수없는 사람들이 스쳐 지나갔다. 그저 사랑스럽고 왠지 끌리는 그런 사람들이었다.

이스라엘이야말로 복음이 필요한 나라였다. 이전에 내가 생각했던 이스라엘은 가톨릭 문화와 유대교의 문화적

배경이 가득한 나라였다. 그래서 성지 순례를 가더라도 주님의 흔적은 찾지 못하고 공허한 가슴만 안고 돌아올 것 같아서 약간은 원치 않았고 경제적 여유가 없어 선뜻 마음이 내키지 않았다.

"내가 너를 보내는 것이니 가라!"

주님의 말씀에 따라 나섰던 성지 순례, 고생을 각오하고 떠났다. 사역 10여년을 보내고 다시 사역을 시작하는 시점에서, 또한 다윗이 예루살렘을 통치한 지 3천 년이 되고 예수님이 이스라엘에 오신 지 2천 년이 되는 그 시점을 기념하게 된 성지 순례는 값지고 감동스러운 나의 생애 가운데 가장 귀한 한 달 5일이었다.

예수께서 나아와 가라사대
하늘과 땅의 모든 권세를 내게 주셨으니
그러므로 너희는 가서 모든 족속으로 제자를 삼아
아버지와 아들과 성령의 이름으로 세례를 주고
내가 너희에게 분부한 모든 것을 가르쳐 지키게 하라
볼찌어다 내가 세상 끝날까지
너희와 항상 함께 있으리라 하시니라
(마 28 : 18-20)

4

chapter four

내가 너를
들어 쓰리라

작은 자의 밤 '하나님께 영광을'

복음 사역에 몸담은 지 십여 년이 되었다. 그동안 많은 일을 감당했는데 1989년 12월 5일 온누리교회에서 내가 직접 기획하고 연출한 집회를 만들었다.

그 동안 나는 남의 콘서트에 찬조출연하거나 교회 집회를 많이 다녔지만 내가 봐왔던 찬양 집회에는 음악만 있고 새로운 변화가 없었다. 부분적인 무용과 어설픈 교회 촌극에 불과할 뿐이다. 세상은 나날이 새로운 변화와 시도로 사탄을 찬양하고 있는 것을 보고 많이 안타까웠다. 좀 더 전문적이고 예술적인 것을 하나님께 드리는 찬양에 담는다면 얼마나 멋진 일일까 생각했으나 그것은 생각뿐이었다.

"네가 그 일을 해라! 내가 함께 하리라!"

하나님의 음성이 들렸다. 그래서 고민 끝에 주제님은 집회를 개최했다. 찬양은 주찬양 선교단과 박종호 형제 등을 세웠고, 시 낭독은 성우 신우회에서 국내 유명 성우들을 섭외했고, 이화여대에서 무용을 전공한 에벤에셀 무용팀을 케스팅해서 그들을 하나로 만들었다. 집회 장소는 온누리교회로 정하고 모든 홍보물의 인쇄, 디자인까지 단독으로 해냈다.

제대로 맡아서 도와줄 사람이 없어 연출로 시작해서 섭외에 이르기까지 직접 진행하면서 많은 벽에 부딪혔고 비용은 2백만 원 이상을 개인 부담하며 개최했던 작은 자의 밤. '하나님께 영광을'은 2천 명 이상의 관객 속에서 말도 많고 결함도 많았으나 비교적 성공적인 새로운 시도였다.

4백만 원 이상의 헌금이 나왔는데 학생들 토큰으로 시작해서 금일봉에 이르기까지 감동어린 헌금이었고 비용을 쓰고 남은 돈으로 극빈자 노인과 장애인 후원에 쓰여졌다.

감동을 삭이며 평상시 일을 하고 있었는데 강릉에서 전화 한 통이 걸려왔다.

"저는 강릉에 살고 있는데 일전에 '작은 자의 밤'을 보고 큰 은혜를 받았습니다. 그 집회를 강릉에서도 한 번 하실 수 있는지요?"

뜻밖의 제의에 선뜻 대답하지 못했지만 기도하며 출연자들에게 승낙을 얻어 다음해인 1990년 5월 26일, 대형 관광버스와 승용차 몇 대로 50명의 대 부대를 이끌고 장거리 길을 달려가 강릉중앙교회에서 천 명이 넘는 회중을 감동시킨 집회를 열었다.

함께 선교단은 십자가 위에 죽음이었다.

강릉의 집회를 준비하면서 하나님께서 말씀하신 것이
있었다.

'함께 선교단' 창단이었다. 찬양 사역에 대해서나 공동
체 생활에 대한 지식과 경험이 전혀 없는 나에게, 그리고
나 하나만으로 십자가는 충분한 나의 연로한 부모님에게
선교단 창단은 십자가 위에 죽음이었다.

재산이라고는 아버지가 평생 동안 모아온 지하실 방 전
세금이 전부였던 당시로는 사무실 임대료는 꿈도 꿀 수
없었고 함께 일을 감당할 만한 동역자도 없이 하나님께서
시키시는 대로 1990년 7월, 있는 돈을 다 털어서 선교단
단원 모집 용지를 만들고 극동방송과 여러 신문사의 협조
아래 홍보를 했다.

무거운 마음과 막막한 미래뿐이라서 불안해하고 있는데 연락도 없던 최덕신 형제가 집에 방문해서 굳어진 얼굴로 나를 설득하려 했다.

"선교단은 내가 할 테니 명희는 선교단은 하지마! 정말 그게 하나님의 뜻이라고 생각해?"

나를 생각해서 하는 말 같기도 하고 나를 무시하는 것 같은 그의 설득은 나를 말리지 못했다. 내가 라이벌로 등장할까 해서 저렇게 말리는가 하는 생각도 들어 흥분하면서 억지 소리까지 해서 그와 다투고 냉정하게 헤어졌다.

"도와주지는 못할망정 나를 광신자로 만들고, 그럴 수가 있어? 오빠가 돼 가지고..."

최덕신 형제를 비롯해서 모든 사람이 숙덕거리는 소리가 들리는 것 같았다.

"성치도 못한 몸으로 무슨 선교단을 한다고 그래!"

주위 사람들의 빈정거리는 말들이 소리로 들리는 게 아니라 마음으로 들렸다. 따돌림 중에도 단원 심사 날짜는 다가오고 사람들 심사와 오디션 진행을 어떻게 해야 할지 아무것도 정하지 못한 상태에서, 모일 사무실도 없고 아무 체계도 없이 초조하게 날짜만 다가왔다.

그때 나순규 목사님이 총무 대리로 짬짬이 자원 봉사를

하여 나에게 실낱같은 용기를 주었다. 신실한 홍석우 형제를 총무 대리로 세웠으며 '작은 자의 밤'을 통해 알게 된 인미 자매는 미소 지으며 힘을 돋우어 주었다.

"하나님이 언니와 함께 하실 거예요. 저도 같이 할게요"

그래서 세 사람과 우리 가족이 조금씩 준비하여 어설프게 시작한 함께 선교단!

1990년 9월 1일 친분이 있던 여운학 장로님, 홍정표 교수님, 김형표 목사님, 심정택 목사님, 전지용 목사님, 김영석 전도사님 등을 심사위원으로 모시고 신동교회를 심사 장소로 삼아 오디션을 진행했다.

막상 오디션을 시작하려니 총 책임자인 내가 떨렸고 입이 굳어져 힘이 쑥 빠졌다. 나를 보는 그들의 첫 인상에 대해 생각하니 그들이 나를 심사하는 것처럼 불안하고 자신이 없어서 예정 시간보다 30분이나 늦게 도착했다. 도착해보니 이미 40여 명이 기다리고 있었다. 밖에는 가을비가 쓸쓸하게 내리는데 교회 청년회와 몇몇 집사님들이 구경하겠다고 지켜보는 가운데 낯선 사람들이 비에 젖은 우산을 손에 들고 하나, 둘 교회로 모여들었다.

그들에게 감사하다는 인사와 심사 기준에 대해 말해야

한다고 생각하면서도 말이 안 나와 답답해하자, 앞에 있던 홍교수가 김영석 전도사에게 사람들의 긴장을 좀 풀어주라는 사인을 했고, 김 전도사가 통 기타를 들고 어색한 찬양을 함께 불렀다.

본당에서 음악 파트를 심사했는데 날씨는 춥고 심사위원과 교인들이 보는 앞이라서 계속 떨고 있는 그들에게 좋은 목소리를 기대한다는 것은 무리였다. 낭독과 연기 파트는 지하실에서 심사했기 때문에 나는 어디로 가야 할지 몰라서 본당에 끝까지 있었다.

70여 명을 면접과 실기 심사를 했는데 음악 파트를 맡았던 홍 교수님이 심각한 얼굴로 일어섰다. 김영석 전도사님이 나에게 대신 말을 했다.

"명희 누님! 아무래도 선교단 하지 않는 게 좋겠어요. 이 사람들 중에는 두어 사람 빼고 가능한 사람이 없어요."

힘없이 웃으며 심사 결과 노트를 주고 사라졌다. 앞이 안보이고 부끄러웠다. 내가 듣기에도 한 사람밖엔 마음에 찬소리가 없었다. 선교단 창단을 포기할 수도 없었다.

그러나 힘을 내서 3층 교제실에 가서 전지용 목사님과 여운학 장로님이 와서 면접 보고하는 것을 들었다. 믿음이 좋고 훌륭하다며 다 뽑아줘야 한다고 해서 음악 실기 보고와는 서로 상반되었다. 어느 편 말을 믿고 선교단을 해야 할지, 말아야 할지 쉽게 결정할 수 없었다. 지하실의 낭독 파트를 심사했던 나순규 목사님은 신청자가 다섯 명 왔는데 한 사람만 빼고 다 좋다고 보고했다.

그만두고 싶었지만 하나님의 명령 때문에 그럴 수도 없어서 이 말도, 저 말도 귀에 안 들어오고 오디션 발표는 해야 되는데 그저 막막했다. 그런 와중에서 면접, 실기 심사표를 살펴보니 고등학교 3학년에서부터 서울대 음대 피아노과 졸업자와 군인과 여군, 방위, 목회자 사모에까지 다양했다. 내가 직접 보지 못했기 때문에 기도한 후 그래도 사람을 뽑기 시작했다.

합격시킨 사람이 30명이었다. 합격자에게 통보했더니 뛸 듯이 기뻐하고 때론 불합격자에게 전화가 와서 실격을 알렸고 바이브레이션이 너무 심해서 실격시킨 도원영 자매는 집까지 찾아와서, 성악을 전공하는데 어떻게 떨어뜨릴 수 있냐고 입단하게 해 달라고 청해 와 못 이기는 척 합격시켰더니 나에게 큰 힘이 되어주었고 지금은 성악 공부 차 이탈리아에 가 있다.

이렇게 단원을 뽑아놨지만 모일 장소도 없고 악기는 피

아노 한 대, 기타 하나도 없었다. 어느 날 안면만 있었던 송정숙 목사님으로부터 뜻밖의 안부 전화가 걸려 와서 안병용 집사님과 함께 집을 방문하셨다. 이야기 중에 중국 선교에 뜻이 있다는 안 집사님의 말을 듣고 나도 모르게 선교단 말이 불쑥 나왔다. 안 집사님은 대뜸 자택 지하실을 선교단 모일 장소로 쓰라고 했다. 전혀 예상치 못한 일로 마포의 안 집사님 자택을 선교단 사무실로 이용하게 되었다.

"이들이 나와 함께 일할 동역자들일까?"

1990년 10월 1일. 동신 기도원에서 첫 번째 합숙 훈련을 하는 중 어머니와 안소영 자매가 쓰러져 또 갈등이 생겼다.

"정말 이 어려운 일을 해야 할까?"

모든 것이 생소한 가운데 박상현 형제와 김선희 자매, 심미희 사모님과 가깝게 지냈으나 다른 사람들에게는 가까이 가기 힘들었다. 다른 환경과 교회, 다른 성격 때문에 이십대 초반의 또래들이 끼리끼리 모여 철없이 말하는 게 용납이 안 되어 속만 태웠다.

매주 화요일 한 번 뿐이지만 거동하기 힘든 나는 서초동 집에서 마포 사무실까지 가려면 아버지의 퇴근을 맞춰 기다리다가 가까스로 갈 때가 많았다. 아버지가 늦으면 택시를 타고 가야 하는데 택시는 무정하게 서지 않았고 겨울바람이 싸늘하게 부는 길에서 50분 이상을 휠체어에 앉아 있으면 몸과 마음이 얼어붙어 포기하고 싶을 때가 많았다.

생각 끝에 오석락 변호사님이 빌딩을 짓고 있다는 말을 듣고 오 변호사님에게 사무실로 쓸 홀을 달라고 당차게 편지를 보냈다. 그래서 집 전세금으로 그 빌딩 6층 전체를 전세로 얻어 우리집 자택과 선교단 사무실을 함께 꾸몄다. 안 집사님 지하실보다 넓고 환했으며 자유롭게 모일 수 있어서 더 좋았다.

남서울교회 박정순 교수님이 신디사이저를 구입하라고 헌금을 하고 엘벧엘교회와 남서울교회 홍정길 목사님의 사랑으로 단원들을 훈련시키며 몇 가지 악기도 구입했다. 어느 집사님의 봉사로 단복을 맞춰 입은 1991년 5월 14일, 온누리교회에서 헌신 예배를 드렸다. 12인승 그레이스도 어느 권사님으로부터 기증받고 어느 정도 기반이 잡혔다.

그러나 나는 언제나 단원들에게 자신이 없었다. 자유를 추구하는 젊은 세대와의 이런 저런 마찰, 그들의 논리적 주님은 하십니다.

세상은 나를 몰라도
주님은 나를 다 아십니다.

나의 숨은 사람을
다 아십니다

사람은 내 말을 듣지 못해도
주님은 내 말을 들으십니다.

사람들은 나의 깊은 말들을
이해하지 못해도
주님은 내 말을 들으십니다.

친구는 떠나가도
주님은 떠나가지 않으십니다.

인 반론에 대답할 수 없는 나의 갈등. 무보수로 헌신하는 그들에게 나는 단장의 위엄과 권위를 보일 수 없었고 할 말을 제대로 하지도 못했다. 그런 내 모습에 참다못한 몇 사람은 떠나고 또 갈등하고 나도 그들에게 상처를 주며 나 역시 그들에게 상처를 받아 생전 처음으로 마음에 상처를 주고받았다.

선교단을 통해 단원들이 훈련받는 것보다 내가 훈련을 받게 되었다. 단원들의 무절제한 결석률, 어린 신앙과 비성숙한 인격으로 단순하고 무책임하게 말하는 일, 비전공자들이라서 그 기교가 떨어졌고 전공했다는 사람은 자기주장대로만 말하고... 민감한 나는 신경이 쓰여 밤새도록 고민하며 '그만두고 싶어! 하고 속으로 생각하다가도 가족들에게는 내색하지도 못했다.

내 등에 내 몸보다 훨씬 큰 십자가가 나를 누르고 있는 게 기도 중에 보였다. 포기와 헌신을 반복하면서 그 와중에서도 선교단을 위해 시가 천만 원 상당의 악기들을 미국에서 구입했다. 관세만도 3백만 원 상당의 물건이라서 내 개인 명의로는 도저히 수입이 불가능해 선교단과는 전혀 무관한 이랜드 박성수 사장님의 배려로 문제없이 악기를 들여올 수 있었다.

단원들은 악기를 부담 없이 만지고 싶어 했지만 전문가도 아닌데 함부로 만지게 할 수가 없어 싸놓았다가 단원들의 사기가 떨어져서 한 번 열어 세팅을 해보면 '쩩' 하는 하위링 소리에 놀라 다시 싸놓기를 반복했다. 단원들은 오픈하라고 아우성치고 아버지는 절대로 안된다고 야단이고 나와 어머니만 중간에서 시달려야 했다. 무슨 위세라도 부리는 것처럼 악기를 가지고 잔소리도 못하고 또 그 악기 수입 경로나 값을 생각하면 함부로도 못해서 수없이 실랑이를 벌였다.

문화 선교는 또 하나의 교회

전공인이 아닌 순수 아마추어들을 이끌고 온누리교회에서 헌신 예배를 시작으로 여덟 번 이상의 대규모 집회를 가졌다. 유관순 기념관에서 드라마를, 사랑의 교회와 횃불 회관에서 찬송가 뮤지컬 등을 하여 음악에만 치우친 찬양 문화를 다양한 그릇에 담아 하나님을 찬양하고 시청각적으로 관객에게 접근하며 공감대를 가지려고 노력했다.

무용은 앉아서 말과 몸으로 직접 안무하며 지도했고 연기를 연출하면서 올려진 작품들은 귀한 보물처럼 소중하다. 공연을 할 때 마다 인력이 턱없이 부족했고 재정적인 뒷받침이 전혀 없었다. 그래서 스폰서를 구하러 깡통 안 찬 거지처럼 돌아다녔는데 한 번은 H 기업에 갔다.

"우리는 지붕 없는 시골 개척 교회만 돕지, 이런 일은 안해요."

휠체어를 타고 어렵게 간 걸음을 헛걸음으로 돌린 매정함을 나는 잊을 수가 없다.

전혀 뜻하지 않은 노록수 목사님에게서 전화가 왔다.

"왜 그렇게 목소리가 힘이 없어요?"

"목사님, 공연 날은 다가오는데 돈이 없어 죽겠어요."

그는 차를 팔았다며 아프리카 선교지로 갈 예정인데도 100만원을 나에게 주었다. 나는 그 자리에서 감격하고 서글픔이 복받쳐 펑펑 울었다.

여러 곳을 다니느라 더위에 지친 나머지 탈진한 상태에서 밤에는 연습을 지도하며 올렸던 공연, 공연에 있어서도 국내 최초로 대형 스크린에 영상을 쏘아 생동감을 나타냈고, 대중과 춤을 추고 익살스런 코믹 연기를 연출했고 보다 효과 있는 대사 구현에 힘썼다.

한번 공연을 하려면 경비를 최대한 절감해도 2천만 원 이상이 들어가는데 처음에는 경비 마련이 암담하고 힘들었지만, 나중에는 결국 하나님이 다 채우시는 은혜를 맛보며 위로 받았다. 또한 새로운 것을 시도했다는 성취감보다는 하나님께 최선을 드렸다는 흥분감이 나를 감싸 안

왔다.

한편으로는 좀 더 다양한 아이디어가 있음에도 불구하고 한낱 돈 때문에 못한다고 생각하니 너무 안타깝다는 마음이 든다. 앞으로 젊은 세대를 예수님 앞에 모을 수 있는 방법은 이것뿐이다. 그들이 가만히 앉아서 목사님 말씀에 깨어질 가능성은 날이 갈수록 희박하다. 그러기에 이 시대의 문화 선교사역은 또 하나의 교회가 아닐 수 없다.

드릴 때

풍요로우신 하나님은
우리가 섬의 일을 드릴 때
백을 곱해서 주시고
감사를 기뻐하시는 하나님은
우리가 감사를 드릴때
감사할 일을 더하시며
찬양을 받으시는 하나님은
우리가 하나님을 높이고
찬양을 드릴때
우리를 높이시며
충만한 기쁨을
채우시네

우리집은 어디 있나요?

선교단 사무실에서 같이 생활한 지 3년 만에 우리집은 10년이 넘도록 부어오던 청약 저축에 당첨되어 생전 처음으로 집이 생겼다. 집 없는 설움, 내가 아는 것만 해도 서른 번 이상을 이사했던 지난 세월들을 잊을 수가 없다. 단칸방에서 시작하여 많이 떨어진 공동 화장실, 또 살만하면 전세금을 올려 집 없는 설움을 몹시도 받았고 캄캄하고 어두운 지하실에서 책을 내고도 6년을 더 살아야 했던 그 시절.

많은 사람이 우리집을 방문할 때 멋지고 큰 집으로 안내를 받아오면,

"아하! 책을 내더니 돈을 벌어서 이런 집을 샀구나!"

그러나 그 멋진 집을 지나서 뒷간 지하로 내려오면,

"아니! 송명희 씨는 왜 아직도 이런 집에서 살아요? 송명희 씨는 좀 좋은 집에서 살면 안되나요? 좀 밝고 넓은 데서 살면 안되나요?"

그런 말을 들을 때면 부끄럽고 무안한 마음도 있고 사치하지 않았다는 떳떳함도 있었다. 늘 고층 아파트를 보면서 한숨을 내쉬었다.

'저렇게 집들이 많은데 우리집은 어디 있나요?'

하나님은 그럴 때마다 "집을 주리라"고 말씀하셨다.

눈물을 삼키며 막연한 아파트 추첨만을 기다렸었는데 강남에서 가장 요지인 수서에 27평인 아파트를 하나님께서 주셨다. 처음 아파트에 들어오던 날 나는 너무 꿈만 같아서 믿어지지가 않았다.

"꼭 호텔 같아요. 누가 나가라고 하면 어쩌지? 정말 이게 우리집이야? 정말?"

약 한 달 간 그런 말만 하면서 기뻐했었다.

내려놓는 아픔

집과 사무실이 분리된 지 5년 만에 선교단 운영이 어려워 악기를 처분하고 사무실에서 나올 때, 나는 식음을 전폐하고 죽고 싶었다. 신동교회 지하 교육관에서 모이다가 시대적으로 선교단 사역이 어려워 선교단을 내려놓을 수밖에 없는 아픔! 그러나 선교단을 하면서 깨달았던 점은 인간에게는 무한한 하나님의 능력이 있다는 것이다.

악기나 사무실로 인해 내가 조금이라도 자랑스러워서일까? 지금은 아무것도 없다. 실패와 성공, 넘어지고 또 일어나고, 이것이 인생인가보다. 그런 와중에서 어머니는 한 번의 교통사고와 한 번의 낙상으로 두 번의 대수술을 받으시고 생과 사의 갈림길을 걸었던 아찔한 순간들도 있었다. 어머니 없이 생리 중 일 때 하루에 두 번의 집회를 참석하고 나서 그만 쓰러진 적도 있었다. 하지만 감기가 걸리고 몸을 못 움직여도 단 두 번의 취소 외엔 모든 집회를 다 인도했다.

나는 누구?

1985년 5월부터 시작한 집회는 국내외로 1천 6백여 회를 다녔다. 많은 사람을 만나는 가운데 기쁨과 보람을 느낄 때도 많지만 마음이 섭섭하고 기분이 언짢아서 감정을 절제하지 못해 폭발한 적도 있었다. 그런 일들은 다른 사람과 나 자신에게 지워지지 않는 부끄러운 얼룩이 되어, 수치스러운 기억으로 남아있다. 사람들에게 은혜를 끼치러 갔으면서 마음은 더 굳어지고 눈물은 메마르고 완벽한 배우가 된 것처럼 느껴졌다.

'내 자유롭지 못한 몸을 스스럼없이 보이면서 사람들을 울리기도 하고 웃기기도 하는 내가 누구인가?

가슴을 칠 때가 많았다. 이십대 때는 막무가내로 나에게 안수 기도를 하려고 하는 몰지각한 목회자들 때문에 많은 상처와 곤욕을 겪었고 강사로 초빙한 목적을 흐리게 한 사람들도 있었다. 강사로 초빙한 사람을 붙잡고 씨름이라도 하듯 안수 기도를 할려고 달려드는 사람들의 횡포를 나는 잊을 수가 없다. 굳이 강사가 아니더라도 본인이 원치 않는 안수 기도는 하지 않는 게 상식이며 은혜로운 덕이 될 것이라고 생각한다. 또한 내가 여자이며 장애인이고 목사가 아니라서 강단에 세우지 못한다고 했다. 그래서 할 수 없이 소강단에 올라 간증을 하는데 성도들이 안 보인다고 아우성을 쳤다. 그러자 나를 초청한 분이 강단의 강대상을 치우고 나에게 평면인 대강단에 서서 간증을 하라고 했던 웃지 못할 에피소드도 있다. 그럴 때면 이런 생각도 한다.

"에잇! 나도 신학교나 가서 목사나 될까?"

때로는 축도나 축복 기도의 권리도 갖고 싶다가도 생각을 바꾼다.

"나까지 그러면..."

간증(그러나 어머니가 간증한 다음 나는 메시지를 전한다)이라는 명목 때문에 1부 예배를 드리고 한 시간 설교 후 축도까지 마치고 2부 순서로 시간을 가지라고 요구 받을 때가 많다. 그러면 나는 집회를 위해서 준비하는 시간과 장소까지 가는 시간, 가서 기다리는 시간해서 세 시간 이상을 기다리다 진을 빼버리고 무슨 힘으로 말씀을 전할 수 있을지. 피곤하고 화가 나서 죽을힘을 다해 집회를 인도하고 내려오면 눈이 안 떠지고 얼굴이 찡그려지면서 온몸이 주체할 수 없을 정도로 피곤한데 사람들은 가볍게 말한다.

"은혜 받았습니다.!"

"눈 좀 떠 봐요! 예쁘게 생겼네!"

"어이! 악수 좀 합시다.!"

매달리고, 아이들은 힐끔힐끔 보면서 놀려대면 기분도 안 좋고 피곤해서 정말 파김치가 된다. 내가 진정 원하는 대답은 좋았다는 감탄사보다 변화된 모습이다. 그리고 스트레스 받는 또 하나의 이유는 높였다, 낮췄다 하는 칭호 때문이다. 맘대로 갖다 붙인 칭호와 소개로 은혜를 끼치러 갔는지 놀림감이 되러 갔는지 모를 때가 많다. 송명희 사모, 송명희 집사, 송명희 전도사, 좀 만만해 보이고 어려보이면 송명희 양, 송명희 성도, 좀 동등시하기 위해서 이제 갓 신학교 나온 전도사가 송명희 자매라고 소개를 하면 중·고등학생 심지어 초등학교 학생까지도 송명희 자매라고 불러서 스트레스를 받는다.

함께 집회를 하는 다른 사람에게는 나이가 나보다 어린
데도 예의를 갖추는 것을 볼 때, 화가 치밀어 오른다. 십
대도 아니고 이십대도 아닌데 언제까지 그렇게 부를지 두
고 볼 일이다.

나의 원하는 것

이 몸이 티 하나 없는 백합의 하얀 잎처럼
순결하고 싶었으나
내 모든 수치스러움으로
새까만 까마귀의 깃털같이 되었고
은색의 눈같이
차분하게 입힌 양털같이
한 마음으로 정직하려 했으나
주홍의 빛깔을 이루었고
피같이 붉게 되었네
하나님의 영광을 위하여 살기 원했으나
나의 영광을 위하여 살았으며
하나님만 바라보기를 다짐했으나
하나님 아닌 다른 것에 집착하였으며
항상 주의 뜻이 이루어지기를 기도했지만
불순종의 잔이 넘치므로 나의 뜻대로 행동함이여
선을 따르고자 하였으나

나타나는 것은 무수한 죄뿐이네
광명속에서 살며 작은 불빛이 되라는 사명이 있으나
어둠길을 헤매면서 빛을 가리었네
소금이 되어 맛을 내려 했지만
맛을 잃어버린 소금이 되었고
섬겨야 할 종의 자리에서 떠나
성전의 상좌에 올라앉아서
섬기기보다 섬김을 받았고
주기보다는 받기를 좋아하고
좀더 참아주고 이해하기 전에 비판의 말을 하였네
그리스도의 아름다운 향기 되지 않고
향기 대신 악취가 되었네

이 모든 것 지나가고 새 것이 되리라
그리스도의 피로 깨끗하게 되리라
묵은 땅이 좋은 땅이 되며
나의 말랐던 반석이 터져 흐르리라
모든 것이 변화함으로

SOS! 기도 미사일을 지원하라!

나를 위해 기도하는 '기도 특공대'가 필요하다. 기도는 창공을 나는 미사일이다. 기도의 미사일은 못 가는 데가 없고 기도의 미사일은 속력이 매우 빠르다. 많은 기도가 나를 따른다.

"또 누구든지 제자의 이름으로 이 소자 중 하나에게 냉수 한 그릇이라도 주는 자는 내가 진실로 너희에게 이르노니 그 사람이 결단코 상을 잃지 아니하리라"(마 10:42)

작은 자인 나와 내게 맡겨주신 사역을 위해 시원한 냉수 같은 기도의 미사일을 띄워주는 사람들이 많다면 나는 말도 더 힘 있게 할 수 있고, 죽은 심령이 살아나고 딱딱한 마음이 변화되는 성령의 폭발도 있을 것이다.

그리하여 의로운 일에 기도로 함께 하는 샘이 되어 하

나님께서 반드시 큰 상급으로 보상하시리라 확신한다.

"SOS! 기도의 특공대는 들으라! 기도의 미사일을 지원하라!'

하루 다섯 번 이상 나를 위해 기도하는 김주언 원로 목사님과 엘벧엘교회 김형표 목사님의 끊임없는 사랑의 기도와, 나를 복음 선교사로 세우고 기도하는 신동교회 정대엽 목사님과 여전도회 회원들과 국내외에서 이름없이 기도해 주시는 기도의 지원으로 나는 살고 있다.

그동안 벌레 같은 나를 위해 기도해 준 많은 이들의 기도로 사역을 감당할 수 있었다. 여섯 시간이 넘도록 배를 타고 바다를 건너 섬 교회에 가고, 건강한 사람도 두 시간 반 이상을 올라간다는 부산 김해의 무척산을 네 시간 동안 업혀서 오르기도 했으며, 하루에 다섯 번 집회를 다른 교회를 다니며 한 일도 있고, 차가 없을 때는 택시를 타고 퍼붓는 빗속을 달릴 때도 있었다. 여의도순복음교회, 충현교회를 위시한 대형교회로부터 할머니들이 주로 모이는 10명 미만의 작은 교회와 장애인교회, 군부대, 교도소와 소년원, 초 · 중 · 고등학교, 신학교, 대학교, 각종 찬양 콘서트 등 높고 낮은 자리를 다양하게 가 보았다.

그렇게 다녀보면 대우도 여러 모양인데 큰 교회라고 특

별히 대접해 주는 교회도 있지만 그렇지 못한 곳도 많이 있고, 작은 교회이면서도 민망할 정도로 정성스런 대접을 아끼지 않는 교회도 있고, 오히려 개척 교회 목회자가 목에 힘주고 아무렇게나 영접하는 그런 곳도 많이 있었다.

또 지방에 갈 경우는 민박을 할 때도 있는데 화장실 출입이며 모든 거동이 편하지 않아 "건강한 강사라면 이렇게 대접해 주겠나?" 하는 생각이 들 때도 있다.

교회들을 가다 보면 화장실이 재래식 화장실인데 어머니와 빠질 듯 위험하게 들어가 힘들게 볼일을 보고 나면 진이 다 빠진다. 그래서 집회 가기 전에는 음식을 싱겁게 거의 맨밥으로 먹고 물도 안 마시려고 애를 쓴다. 춥고, 배고프고, 무더위와 늦으면 어쩌나 하는 마음에 쫓기듯이 다니며, 높은 계단은 언제나 원망스럽다.

집회를 진심으로 목숨 내걸고 갈 때가 많아 몸이 아파서 꼼짝 못 해도 사명감으로 가야 했고, 나에게 근심되는 문제는 반복되는 집회가 습관화되거나 뜨거운 사명감보다는 집안 살림을 위한 사례금 때문에 가는 건 아닌가 하는 것이다.

그래서 늘 '이 집회는 마지막 집회' 라는 각오로 임하지만 사람들의 무성의한 태도를 보면 서운한 생각에 잠 못

열쇠를 나에게 주소서

기도의 열쇠를 나에게 주소서
하늘의 문을 열게 하고 땅의 문을 열게 하여
하늘의 계시 알게 하며 땅의 문제 해결되는
기도의 열쇠를 나에게 주옵소서

전도의 열쇠를 나에게 주소서
영혼의 눈을 뜨게 하고 마음 문을 열게 하여
영혼의 고통 쉬게 하며 마음 괴롬 없게 하는
전도의 열쇠를 나에게 주옵소서

사랑의 열쇠를 나에게 주소서
닫혀진 문을 열게 하고 얼린 것을 녹게 하여
굳어진 심령 기경시켜 모든 것이 변화되는
사랑의 열쇠를 나에게 주옵소서

진리의 열쇠를 나에게 주소서
주님의 뜻을 알게 하고 주의 말씀 가르쳐서
연약한 사람 잡아주며 바른 길로 인도하는
진리의 열쇠를 나에게 주옵소서

이룰 때가 많다. 교회에서는 평균 10만원이나 20만원의 사례를 하지만 그것으로 차 운영비와 식사비로 쓰고 나면 생활비로 내놓기도 너무나 빠듯하다. 선교 헌금도 맘껏 드리기가 쉽지 않고 옷 한 벌 해 입기도 어렵다.

책을 20권이 넘게 냈어도 작가에게 돌아올 몫은 책값의 10분의 1뿐이고, 그나마도 책으로 가져와 교회 집회 때 팔고 나면 푼돈이 되어 다 없어지고, 또 책값을 안 주는 파렴치한 교회들도 많고, 무슨 행사를 하려고 해도 돈이 없고, 이래저래 서글플 때가 한두 번이 아니다.

이렇게 남모르는 설움과 말할 수 없는 아픔들이 많이 있었다.

내가 만약 이런 몸이 아니라면
나 여기 와 있을까?

때로는 신체적인 약점 때문에 따돌림과 노골적인 비웃음을 당하기도 한다.

"하나님께 기도 좀 해서 말도 잘 하고 걸어 다니게도 해 달라고 하지 그래?"

그런 질문을 들으면 말없이 생각에 잠긴다.

'내가 만약 이런 몸이 아니라면, 나 여기 와 있을까?'

'내가 만약 이런 몸이 아니라면, 이렇게 시인이 됐을까?'

'내가 만약 이런 몸이 아니라면, 나를 하나님이 이렇게 쓰셨을까?'

예수님은 십자가 위에서 인류 대속의 '세상에서 가장

위대한 일'을 하시는데 거기에 대고 빈정대는 사람들처럼 말이다.

"이봐! 네가 하나님의 아들이라면 십자가에서 내려와야 하지 않겠어?"

과연 십자가에서 내려오는 게 능력일까? 세상은 거치적대는 십자가를 외면하지만 우리의 대장 되신 자랑스러운 예수님은 십자가를 버리지 않으셨다. 예수님의 십자가는 무엇일까? 나는 예수님의 십자가였는지도 모른다.

그러나 나의 십자가는 무엇일까? 때로는 나의 외모와 외형적인 문제도 될 수 있겠지만 나타나지 않는 내적 갈등이 아닐까? 누가 나의 말 못하는 갈등을 알 수 있을까? 누가 나의 그 깊은 갈등과 탄식에서 풀어줄 수 있을까? 예수님만이 나의 그 갈등을 아시며 그 갈등에서 풀어주실 것이다. 그래서 나는 십자가를 싫어하지 않는다. 십자가는 또 다른 은혜이며 축복이다.

시집을 두 권 이상 출간하면 시인이 된다. 내게 가장 편하고 부담 없는 소개는 '송명희 시인'이라고 불러주는 것이다. 그 이상의 기대는 하지 않는다. 아무튼 별 것 아닌 듯한 말이나 행동이 나에게는 치명적인 상처가 될 수도 있고 무거운 부담감도 안겨주곤 한다. 건강한 사람 못지 않게 수고를 하며, 하나님 말씀에 대한 열심에 대해서는 건강한 강사들 못지 않다고 자신하는 것이 교만한 마음일까? 이런 정당성만을 외치다 보면 금세 모든 사람에 대해 적대감이 생기고 집회 활동을 쉬고 싶은 때가 많다.

"차라리 깊은 산 속에 가서 엘리야처럼 주님과 단 둘이 살고 싶어!"

그러나 주님이 나를 보내시는 것임을 알고 나를 아직은 그래도 순수하게 좋아하고 내가 필요한 젊은 청소년들의 그 사랑스런 눈빛을 나 또한 사랑하고 있어 출동을 강행한다. 책을 발간하고 집회를 인도하는 힘겨운 일을 해온 것을 생각할 때 스스로가 대견스럽고 뿌듯한 자부심을 가질 때가 많다. 하지만 남의 말은 듣지 않으려고 하고 나에게 주신 것, 내가 알고 있는 예수님만 참이고 내가 믿는 방법만 정통신앙인 것처럼 생각하면서 나만 아는 '나만병'의 환자인 사실을 나도 알고 있다.

"만약 나에게 주신 은혜를 하나님이 다른 사람에게 주셨다면 그는 나보다 훨씬 큰일을 감당했을 것이다.!"

성 프란시스코의 말을 생각하면 자랑할 수 없고 다른 사람과 비교하는 마음 때문에 심한 우울증에 빠질 때도 있다.

예수의 죽으심으로

예수의
죽으심으로
나
죽기 원하고
예수의
부활하심으로
나
살기 원하네

"저 사람들은 나보다 더 믿음이 훌륭해!"

그러나 내가 잘났든지 못났든지 주님이 그 모든 것을 다 하셨다는 것을 생각할 때 나는 고작 먼지에 불과할 뿐이며 나는 그런 일들로 인해 소중한 것을 빼앗기지 않았나 해서 왠지 허물어질 때도 있다.

"나를 써주소서!"

예전의 그 간절한 기도대로 하나님은 나를 쓰셨다.

"내가 너를 들어 쓰리라!"

확실하게 말씀하셨던 그 음성을 나는 평생 잊지 못할 것이다.

안식년도 없이 뛰어다녔던 나의 십여 년! 주님께 드린 대로 주께서 갚아주시리라 확신한다.

심으면 거두리라

15년 전 한 소녀의 방황을 잡아 가정으로 돌려보낸 일이 있었는데 그 소녀는 벌써 학부모가 되어 내 앞에 나타났다. 뭐라고 말할 수 없는 감동을 맛보았다.

"언니를 만나보니 꼭 예수님을 만난 것 같아요!"

눈물겨워하며 집으로 돌아가던 단발머리 소녀의 뒷모습을 까마득히 잊고 살았는데, 복음으로 심었더니 전혀 생각을 못한 열매를 거두게 하시는 하나님의 은혜를 찬양하게 된다.

또 소년원에 정기적으로 갔었는데 그 중 한 원생은 목에 염주를 하고 있었다. 다섯 번을 소년원에 왔다는 그는 울면서 말했다.

"이제 여기서 나가면 기도원에 가겠어요, 누님!"

또 전라도와 경상도에서 몇 명의 목회자들이 젊어서 나의 간증을 듣고 목회자의 길을 결심했다며 감사의 말을 전하기도 하고, 한 소매치기 소년이 나의 집회에 참석하고 거듭나서 지금은 선교사가 되어 타국에 나가 있다는 말을 들었다.

그런가 하면 일반 가수도 출연하기 어려운 KBS(열린 음악회)에도 출연하여 1만여 관중 앞에서 생방송으로 '나'를 낭독하고, 박상원 탤런트가 찬양하고 공평하신 하나님의 영광을 온 천하에 나타내었는데 보는 이들이 감동의 눈물을 흘렸다. 또 대통령의 영부인과도 만났었다.

내가 너를 사랑하리라

내가 너를 사랑하리라
네가 울 때에
내가 너의 눈물을
닦아주리라
네가 나를 사모하여
나를 볼 때에
내가 너에게 나타나리라
내가 강같이
너를 적시며
내가 너를 바다같이
안으리라
내가 하늘 문을 열고
너에게 땅의
권세 주리라
내가 하늘의 상급으로
너를 기쁘게 하리라

장애인 예술전문대학

나에게 이뤄지기 힘든 비전이 남아있다. 그것은 장애인 예술전문대학이다. 장애인 재활원 시설은 많으나 장애인의 교육 시스템은 너무 미약한 실정이고 장애인으로 대학에 들어간 사람은 손꼽힐 정도로 적은 숫자이다.

장애인은 무한한 창의력과 잠재된 예술성을 가지고 있는데 그 기능을 전문 기관이 맡아서 교육하고 발굴할 수 있어야 한다. 장애인을 정상인과 구분해서 교육해야 하는 것은 장애인은 특별한 사람이기 때문이다. 따라서 많은 숫자의 학생들을 교육시키는 양적인 교육이 아니라 개인 교육이다시피 한 질적인 교육 프로그램이 필요하다. 이제는 장애인의 능력을 과소평가해서 '봐주고 들어주는' 것은 종지부를 찍어야 한다.

베토벤과 같은 위대한 천재성을 가진 이들을 우리는 묻어 두고 있는 게 분명하다. 감동이 있고 위대함이 있는 예술가를 발굴하는 장애인 예술전문대학을 건설하는 것이 나의 꿈이다. 굳이 내가 아니더라도 다른 사람을 통해서라도 그런 멋진 학교가 생긴다면 나는 기뻐할 것이다. 그들이 그린 그림과 그들이 쓴 문학 작품과 그들이 연주, 지휘하는 오케스트라에 맞춰 그들이 부르는 찬양은 얼마나 감동스러울 것인가?

그러려면 제대로 교육을 받아야 하며 철저한 지도하에 숙달된 고도의 기능이 있어야 한다. 방 안에서 스스로 알아서 나오는 어설픈 몸짓은 감동은 줄 수 있으나 인정을 받지는 못한다. 가슴 찡한 감동과 정당한 능력을 발휘하기 위해 장애인 예술전문대학은 이 시대에 꼭 필요한 우리의 선택이 아닌가 생각한다.

주 음성 외에는 더 기쁨 없도다

　많은 이들에게 감동을 주기 위해 나를 희생시킨 지나온 10여년, 나는 하나님 앞에 가서 내세울 자랑은 없으나 또 이제껏 크게 잘못 살았다고 후회 할 것도 없다. 하나님은 진토 같은 나를 좀 아름답지 못한 모양(육체, 환경 등)으로 만드셨으나 하나님은 나를 아름답게 써주셨다. 내 머리에 기름을 부으시고 나를 굳게 세워 주신 하나님은 그의 택하신 백성에게 말씀하실 것이다.

　"내가 너를 들어 쓰리라!"
　"주 음성 외에는 더 기쁨없도다! 날 사랑하신 주, 늘 계시옵소서!"
　나를 직접 가르치셨고 나를 쓰신 분,

만유의 주재! 인자가 되신 하나님을 내 모든 일생을 통해 전심으로 찬양드린다.

계신 주님

나의 앞에 계신 주님
나의 눈동자에 주 있게 하소서

나의 머리 위에 계신 주님
나의 머리 들어 주 바라보게 하소서

나의 좌우 옆에 계신 주님
나와 동행하시는 주 알게 하소서

나의 뒤에 계신 주님
나를 안으시며 보호하시는
주 의지하게 하소서

"너희는 주께 받은 바 기름 부음이 너희 안에 거하나니 아무도
너희를 가르칠 필요가 없고 오직 그의 기름 부음이 모든 것을 너
희에게 가르치며 또 참되고 거짓이 없으니 너희를 가르치신 그
대로 주 안에 거하라"(요일 2 : 27)

2부

투병기

5
chapter five
감사로 고통을 이기다

고통의 터널

나는 나면서부터 고달픈 삶을 시작했다.

자유롭지 못한 몸과 가난한 집안 살림에 여러 가지 억눌림의 환경들이 나를 날마다 서글프게 했지만, 그 속에서 17세의 방황과 설레던 가슴으로 하나님을 만나서 사는 목표를 가졌다. 그러나 오른팔을 목에 끼고, 엎드려서 성경을 하루 종일 읽고, 왼발로 종이를 누르고, 엎어져서 글을 쓰고, 그림을 그리려니 왼쪽 목이 항상 아팠다. 목에 몽우리가 생기고 잠을 못 잘 정도로 고통스러웠지만, 기도와 자제력으로 참아갔다.

그러다가 1985년 매스컴을 통해 나는 세상에 알려졌고,

월간지 〈빛과 소금〉을 읽은 독자로부터 전동 타자기를 선물 받았다. 일일이 쓰지 않더라도 편지와 원고들을 조금 쉽게 타이핑을 하게 됐으나 간편해진 반면, 일은 더 많아지고 위쪽 목은 더 아파져서 환절기엔 어깨와 목이 자지러지게 아팠다.

소염 진통제와 파스를 바르면서 글 쓰는 작업을 계속했다. 그러는 중에 간증 집회를 다니면서 나는 말할 수 없는 피로를 느꼈다. 자유롭지 못한 몸을 사람들에게 보여야 하는 힘들고 불편함과 긴장감에 항상 둘러싸인 채 끌려 다니다 보니 몸은 추스르지 못할 정도로 축 늘어졌고, 눈이 안 떠질 정도로 피곤했다.

만나는 사람들이 예의를 갖추고 깍듯이 대하면 조심스러웠고, 사람들이 인격적이지 못하거나 나를 따돌린다거나, 내가 예상치 못하는 실수를 저지르면, 그 괴로움을 잊기 위해 밤을 새며 일을 했다.

전동 타자기에서 워드 프로세서로, 워드 프로세서에서 386컴퓨터로 발전은 했으나, 왼쪽 목이 더 아파 잠을 오른쪽으로 굽혀서 자기 시작했다. 처음엔 불편했지만 몇 년 동안 그렇게 자고 보니 습관이 되었다.

'함께 선교단' 의 창단과 운영하는 일, 단원들과의 마찰과 힘겨운 활동, 그리고 선교단의 해체에서 오는 허탈감과 좌절이 나를 주저앉게 만들었다. 모든 의욕을 잃게 했다. 그런 중에도 쉴 새 없이 천육백여 회 이상의 집회 활동과 〈기독신문〉의 원고 연재로 하기 싫어도 쫓기듯이 그렇게 일을 해야 했다.

그래서인지 몸은 자꾸만 힘이 들었다. 급기야는 1997년 5월, 어느 찬양 집회 일로 비포장 길을 비좁은 봉고차를 타고 장시간 가는데 흔들리는 목을 뒤로 한 채 졸았다.

네댓 시간 만에 도착하여 집회를 하면서 찬양 '나' 를 부를 때 의례적으로 무용을 하는데, 두 손목이 짜릿하고 전기에 감전된 것처럼 견딜 수 없으리만큼 고통스러웠다.

난 그게 성령의 역사하심인 줄 알면서 계속 손목을 주무르고 만져도 그 전기 감전은 가셔지질 않았다. 가까스로 달래서 감전 상태가 줄어들고, 약속된 미국 집회를 약한 달 동안 가는 무리한 활동을 강행했다.

그런데 7월 어느 날 사람들과 만나서 포옹을 하려다가 또 손목에 감전이 왔다. 외지에서 아프면 큰일 날 것 같아서 기도를 했더니 조금씩 나아졌다. 캐나다와 미국 집회를 마치고 돌아와서도 바쁘게 집회를 가는데 손가락이 본드를 바른 것처럼 축축하고 끈적이더니 손이 저려오면서 오른쪽 다리에 힘이 빠져갔다.

10월경에는 서 있을 수가 없을 정도로 힘이 들었다.

그런 와중에도 약속된 집회를 책임감과 살림 때문에 고달프게 끌려 다녔다. 왠지 목이 불안해서 병원을 갔지만 의사들은 말상대도 해주지 않았고, 별 대수롭지 않게 이야기를 하며 약이나 먹여 보라고 했지만 신뢰가 가질 않았다.

그러는 중 TV 뉴스에서 모 정형외과병원 원장이 손목이 짜릿한 증상은 목 디스크이며 레이저 수술을 하면 낫게 되고 후유증도 없다는 말에 귀가 솔직했다. 방송사로 수소문을 해서 그 병원에 전화를 걸어 약 한달 뒤 예약 날짜를 잡아 병원 진료를 받게 되었다. 진료도 제대로 받지 못할까봐 병세 과정과 증상을 문안으로 간단히 작성해서 책 한 권을 가지고 갔다.

그 원장은 문안을 보고 책을 받아보더니 진지한 태도와 친절한 말로 나를 진료했다

교회 안수 집사라는 그 분은 아주 친절하게 나를 안내하여 MRI 촬영과 심전도 검사, 근전도 검사와 물리 치료를 받게 했다. 진단 결과는 예상대로 목 디스크였다. 3,4,5번의 뼈가 돌출되어 신경을 누르고 있다면서도 섣불리 수술은 권하지 않았다.

MRI촬영도 고정이 안돼 수면제 주사를 맞고 비몽사몽한 상태로 찍을 정도로 목을 고정 안 되는 사람을 수술하자고 하지 못해 약물 치료와 물리 치료를 하면서 지켜보자고 했다. 하지만 몸은 더 악화되어 발이 돌덩이처럼 무거워지고 손가락이 오그라들기 시작했다. 시간은 5개월이 넘어가고 병세는 호전되지 않자 원장은 나와 같은 뇌성마비 장애인을 수술했다며 수술을 권했다.

질병으로 시작되는 길고도 긴 고통의 터널 길목에 들어선 것이다.

와 줘서 고맙다

그런 와중에서도 나는 약속된 집회를 계속 다녔다. 계절은 여름이 지나 스산한 늦가을과 초겨울이 되어갔다. 무성했던 나무가 앙상한 뼈대만 남기고 몇 잎 남지 않은 잎새는 처량하게 느껴졌다. 세상이 그렇게도 적막할 수가 없었다. 오른쪽 다리는 돌처럼, 쇳덩이를 붙여놓은 것처럼 움직여지질 않고, 양쪽 팔목과 손은 감전 상태가 가시질 않았다. 이런 몸 상태로 약속된 교회 집회를 가는 것은 죽기보다 싫었고 그렇게 심난했다.

그러나 그런 투정을 했던 탓으로 이런 채찍질을 당하는 걸까? 해서 약속된 곳만 가기로 했는데, 어느 주일 저녁에도 그렇게 겨우 몸을 추슬러서 한 시간 정도를 달려가 작은 식당에서 설렁탕 한 그릇으로 추위와 허기를 달래려고 했으나 몇 수저 못 먹고 찾아간 교회는 너무나 허름한 건물 지하에 있었다. 별 하나도 보이지 않는 캄캄한 하늘에 그 구석방 교회의 빨간 네온 십자가가 외로이 빛을 비추고, 스산한 바람에 낙엽은 흩날리고 내 몸은 쇠약해져 있는 그 모든 처지가 너무나 가련하고 서글퍼서 목이 메어왔다.

"그래! 가자! 내가 이런 데를 안 오면 누가 오냐!"
예전 같았으면
"개척 교회에서 왜 성치도 못한 나를 불러서 고생을 시켜?"
한바탕 화를 내며 억지로 끌려 들어갔을 텐데, 나는 아프고 가난해진 심정으로 하늘을 쳐다보았다.
"알겠습니다. 갑니다.!"
들어가려고 하는데
"와 주서 고맙다!"
주님이 갑자기 말씀하셨다.
나는 너무 놀라고 당황해서 그 말씀만 골똘히 생각하느

라 메시지를 제대로 전하질 못했는데도, 목사님과 성도들이 용기와 은혜 받았다며 나를 전송해 주었다.

나는 차 안에서 주님의 그 음성을 부모님과 말하며 감격스럽고 신기해했다. 하나님이 아무에게도 고맙다고 해주신 사람이 없는데 너무 황송하고 영광스럽다. 하지만 어둠 속에서 차장에 비추인 내 모습을 보면서 오죽이나 그런 곳을 싫어하고 피했으면 그런 말씀을 하실까 하는 생각에 내 자신이 형편없고 한심해 보였다. 한없이 민망하고 죄송스러웠다.

집에 와서 감사 기도하고 어머니가 사례비 봉투를 열어 보니 육십만 원이 들어있어 다시 한 번 놀랐다. 채 오십 명도 안 되어 보이는 성도와 의자도 없는 십여 평의 지하교회! 무엇으로 보나 그만큼 강사비를 줄 것 같지 않아서 전화로 확인까지 했더니 사례가 맞다고 했다. 너무나 감동스럽고 부끄러워서 고개를 숙이고 눈물만 흘렸다.

그렇게 한 해가 가고 몸은 점점 악화되어 갔다. 약물 치료 때문인지 복부까지 마비 증상이 와서인지 변비가 심해지고 소변도 잘 나오지 않았다. 생활 패턴이 달라지기 시작했다. 화장실 출입을 못하면서 앉아서 변기에 소변을 보고, 컴퓨터 마우스 사용을 못해 컴퓨터와 멀어지고, 앉아 있기가 힘들고 불안해졌다.

그런 경과를 지켜보던 의사는 수술을 권해서 1998년 5월 중순 경으로 수술 날짜를 잡았다. 성미 급한 아버지의 강요에 떠밀려 수술하기로 결정한 것이다.

주님은,

"수술하지 말라!"

몇 번이나 말씀하시고 내가 그렇게 싫어했던 안수 기도를 수없이 받아 기도의 동역자들도 수술하지 말라고 했지만, 회복은 안되고 온몸이 누워있기도 무거워 점점 심해졌다. '디스크 치료' 라는 말만 들어도 눈이 확 떠져 추나 요법과 한방으로 치료하는 곳에 가서 척추 교정도 받고, 침도 맞고, 한약도 먹었지만, 효과는 없었다.

그나마도 괜찮았던 왼쪽 다리가 한약을 먹고 나서 시리고 참을 수 없을 만큼 가려워졌다. '그럴수도 있다' 는 의사의 말과 '계속 약을 먹으라' 고 해서 먹으라는 기한까지 먹어도 증세는 날로 나빠져만 갔다.

어떻게라도 수술을 피하려고 두 달 사이에 여덟 곳 이상의 병원을 다녔다. 집안에 약이 산처럼 쌓여갔다. 의사들은 고쳐보겠다고, 또는 고칠 수 있다고 장담했다가도 불가능하다는 말 한마디만 내뱉었다. 너무나 절망스러웠다.

내가 그동안 너무 잘못 살고 교만해서 이렇게 하시는가 하여 사람들 앞에서도 잘못을 고백하며 하나님께 날마다 통곡으로 회개했다. 그래서 다윗의 상한 심령을 뼛속 깊이 체험하게 되었다. 복음과 위로가 정말 필요한 사람들은 내가 좋아하는 건강하고 잘나고 부자들이 아니라 가난하고 아픈 사람들이라는 것을 절절히 깨달았다.

그리고 나를 비롯한 모든 아픈 사람을 하나님이 절대로 버리지 않으신다는 메시지를 받게 되었다.

황금 옷의 예수님

　푸르고 화창한 5월이라고 다들 야외 활동에 바쁜데 나는 수술을 앞두고 난생 처음으로 병원에 입원하게 되었다.

　수술 전날이라서 긴장되면서도 모든 것이 신기해 링거 주사를 맞는 것조차 아팠지만 즐겼다. 다음날 아침 9시경 수술실에 원장님의 배려로 엄마와 함께 들어가서 기도를 한 후, 목을 소독 거즈로 닦고 부분 마취 주사 후 레이저 주사가 목을 뚫고 들어가는데 목 주위가 뻐근하면서 저려왔다.

　약 20분간의 수술을 마치고 생각보다 짧은 수술 시간

때문에 개선장군처럼 웃으면서 "별거 아니네!' 말하며 당당하게 수술실을 나왔다. 그래서인지 양쪽 손이 조금 펴지면서 기분이 좋아졌다. 순조롭게 모든 게 다 되었는 줄 알았는데 그게 아니었다.

그 다음날 밤부터 오른쪽 머리가 몹시 아파오면서 어지러워 잠을 못 자고 괴로워했다. 그 이유가 무엇인지 원장님과 의사들에게 물어봤으나,

"괜찮습니다. 그럴 수도 있으나 수면제 좀 드시고 주무세요!'

수면제를 먹어도 어지럽고 머리가 더 아파서 잠을 못 자고 보니 저절로 깜짝 깜짝 놀라고 신음 소리가 비명으로 변하기 시작했다. 그런가 하면 문병객에게 불편한 내색을 안 하려고 몸을 일으키고 누워있으면 어지러워서 견디지 못해, 앉아 있기 일쑤이자 목 안대를 했어도 목을 움직일 수밖에 없었다.

잘 알게 된 물리 치료사가 전부터 수술하지 말라고 한 말이 생각나서 그녀에게 왜 이러냐고 물었더니

"그것 보세요. 그래서 수술하지 마시라니깐... 후유증인데 몇 달이 갈지 몰라요. 어떤 사람은 몇 년도 간다는데..."

그 말을 듣고 나니 더 불안해졌다. 잠시나마 펴졌던 두 손도 다시 오그라들고 저려왔다. 닷새가 넘어간 병원 생활이 불편해왔고 밤마다 잠 못 자는 불안과 예민해질 대로 예민해진 신경으로 도저히 병원에 있을 수가 없었다. 수술 전에는 그래도 침대에서 혼자 앉아서 마음대로 거동을 했는데 수술 직후 허리에 힘이 빠지면서 중심을 잃어갔다. 엄마와 화장실 출입을 하다가 나도 모르게 설사를 옷에 배설해 큰 곤란을 겪는 일도 생겼다.

하루하루가 치욕스럽고 고통스럽게 병세가 진행되었다. 앉아서 쓰는 변기에도 앉을 수 없는 몸으로 바뀌고 누워서 볼일을 봐야했다. 링거를 맞다보니 소변이 자주 마렵고 하체에 힘도 없을 뿐만 아니라 극도로 민감해진 신경으로 기저귀에 소변을 볼 수 없게 되자 방광이 터질 것 같았다. 간신히 누워서 변기에 소변을 봐야 하는 병원 생활을 견딜 수가 없어 부모님에게 퇴원을 원하며 울부짖었다.

"그럼 또 한 번 하지요..."

수술을 또 하자니? 겁에 질려 서둘러 퇴원했다. 집에 왔으나 앉아 있을 수가 없었다. 하지만 누워 있으면 방안과 방바닥이 팽팽 돌고 오른쪽 머리가 아파서 소리 지르며 울었다.

"하나님! 구원하소서!"

극심한 불안감과 엄몰해 오는 어두운 밤, 수술을 반대하신 하나님의 말씀과 물리 치료사의 속삭임을 생각하자 공포감이 더해갔다. 밤낮으로 잠 한숨 못 잔지 닷새가 되자 앉아 있어도 바이킹을 탄 것처럼 팽팽 돌았다. 정신을 잃을 지경이었다.

가까스로 누워,

"주여! 사, 살려 주주세요! 주여! 주주...!"

신음하고 있는데 내 오른편에 예수님이 나를 마주하고 앉아 계셨다. 그런데 예수님의 옷이 황금 옷이었다. 내가 그동안 만났던 예수님은 뿌연 연기 같은 흰옷을 입으셨는데 순도 99% 빛깔의 황금색 롱 외투 스타일에 소매에는 꼬불꼬불한 비잔틴 무늬가 새겨진 기품 있고 멋진 옷을 입고 계셨다.

그 당시 한국 경제 위기를 극복하기 위해 온 국민이 금 모으기를 하자고 매스컴에서 떠들썩해 나도 실반지 두어 개를 내놓으려고 하는데, 영화 타이타닉을 수입한 로열티로 금 모았던 게 다 들어갔다고 난리 칠 때였다. 예수님의 그 옷을 보고 나도 모르게 말이 나왔다.

"아니! 주님! 지금 IMF라고 난린데 왜 그런 옷을 입으셨어요?"

예수님이 말씀하셨다.

"그게 나와 무슨 상관이냐!"

나는 더 이상 말을 못하고 있는데.

"너도 이런 옷을 입게 되리라!"

그 말씀을 들으면서 잠이 들었다. 얼마 안돼서 잠을 깼다. 그렇게 아팠던 오른쪽 머리가 아프지 않았다. 그런 일이 있은 뒤로 조금씩 잠을 잘 수가 있었다.

고문

  나의 모든 생활은 완전히 달라졌다. 내 마음대로 움직이지 않는 몸! 누워서 뒤집는 것조차 내 힘으로 할 수 없는 처지에서 엄마의 손이 다 감당해야 했다. 그 어떤 일이 있어도, 어디를 가도 새벽 기도는 빠지지 않았던 엄마의 발목을 내가 붙잡게 되었다.

  자다가 옷에 설사를 배설하는 끔찍한 사태가 수없이 벌어져 밤중에 온 집안이 난리를 겪기도 했다. 나중에는 엄마 혼자 일을 조용히 처리하기 위해 팬티를 가위로 자르고 신문에 배설물을 싸서 버렸다. 오른쪽 다리가 왼쪽 다리에 눌려서 뒤집고 싶어도 힘이 없어 누군가가 뒤집어줘야 했다. 또 한 다리가 저절로 올라가서 뻗어지질 않았고, 소스라치게 통증이 심해, 엄마는 사십여 년의 새벽 기도를 나 때문에 포기해야 했다.

몸 처지가 그러니 아무리 애저린 집회 부탁이 와도 거절 할 수밖에 없었다. 그런데 전주에서 5천명의 청년들이 날 위해 기도한다면서 매달려 5월 말 수술하고 한 달도 채 못돼서 장거리 집회길을 나섰다.

제대로 이기지도 못하는 몸을 차에 실었다. 아버지와 시 낭독할 목사님은 앞자리에서, 어머니와 나는 뒷자리에 앉았다. 출발 전 아침 9시경에 소변을 변기에서 보고 화장실 출입하기 어렵다며 기저귀를 차고 갔다. 때 이른 수박 몇 조각을 차에서 먹었는데 소변이 조금씩 마렵기 시작했다. 목사님 앞에서 말하기도 어렵고 화장실을 못 가기 때문에 거북한 기저귀를 찼는데 소변을 보지 못하면 투정할 이유가 못 되어 말도 못하고 참았다. 시간이 갈수록 오줌은 마려운데 웬일로 나오지는 않았다. 몇 번을 시도해 봤지만 허사였다.

세 시간 만에 전주에 도착해서 작은 식당에 들어가 비빔밥을 먹는데 삼분의 일도 못 먹고 화장실만 가고 싶을 뿐 다른 생각이 없었다. 집회 장소인 전주대학에 가서 화장실부터 찾아갔다. 다행인지 몰라도 좌변식 화장실이었다. 비좁은 화장실에 부모님과 함께 들어갔다. 서로 눈을 마주보고 빨리 나가야 하는 긴장감과 여러 가지 불안한 생각에 쫓겼다. 약 10분간을 기다려도 소변이 나오질 않았다. 몸을 움직이기 힘들 정도로 고통스러웠다. 하지만 그냥 고통스러운 채로 옷을 갈아입고 목에는 보호대를 하고 극도로 불편한 가운데 강단으로 올라갔다.

이사야 6장을 읽어야 하는데 이사야 9장을 읽고 암담했으나 위기를 면하려고 대충 대충 했는데 은혜가 되었는지 환호성과 박수가 터져 나왔다. 강의가 끝난 후 나는 소변을 보지 못한 고통에 정신없이 빈 공간을 찾아, 가지고 간 변기에 누려고 아무리 몸부림을 쳐봤지만 소변은 나오지 않았다. 내가 식은땀만 흘리며 신음을 하자 보다 못한 아버지가,

"빨리 집에 가서 싸자!"

말하고 나를 차에 태우고 달렸다. 날이 저물고 캄캄해지고 시간이 지남에 따라 나는 고문을 당하듯 괴로워하며 소리를 지르자, 고속도로 휴게소 장애인 화장실에 들어가서 소변을 보려고 기도도 하고 찬양을 해도 소변이 나오지 않았다. 휴게소 화장실을 두 번이나 들려도 고통만 가

중될 뿐이었다. 정신없이 서울에 도착한 시간은 밤 11시 30분경이었다.

목사님을 지하철 입구에서 내려주고 집에 와서 화장실에 가서 소변을 보려고 변기에 앉았지만, 역시 고문만 될 뿐 나오질 않자 아버지가 나를 급하게 안고 차에 다시 태우고 영동 세브란스병원 응급실을 찾았다. 12시 경에 호수로 빼낸 소변이 링거 병으로 2병 반 정도가 나왔다. 조금만 더 있었으면 위험할 뻔했다는 의사의 말을 듣고 새벽 3시 경 집에 와서 지쳐 쓰러졌다.

나는 그런 후로 응급실에 다섯 번이나 가서 호수를 끼워 넣는 고문을 감수해야 했다. 사람에게 의식주 문제가 크고, 배설하는 것이나 여러 가지 생리적 현상을 나는 수치스럽게만 생각하고 그 중요성을 알지 못했는데, 사람은 누구나 배출을 해야 되고 제대로 배설을 못하면 큰 병이 된다는 사실을 알았다. 그리고 영혼의 배설은 회개이며 회개를 못하면 큰 죄에 눌려 멸망에 이른다는 원리를 깨달았다.

아무리 아름다운 옷을 입고 우아한 집에서 화려한 식탁의 좋은 음식을 먹어도 가스가 차고 대·소변을 배설하지 못하면 죽는다.

　나는 어린 시절 재래식 화장실을 갈 수 없어 방에서 요강에 앉아 볼일을 봐야 했던 수치심에 배설 문제는 아름답지 못한 일, 감출 수밖에 없는 일로 세뇌 되었었는데, 바로 그 일이 생명과 직결되었다는 것을 알았고 우리가 대수롭지 않게 생각했던 부분이 얼마나 중요한지 몸으로 체험하였다.

　그러면서 사람이 행복하게 사는 것은 대단하고 놀라운 일을 하여서 사람들 앞에 나타나는 삶이 아니라, 건강한 몸과 건강한 영혼으로 하나님이 맡겨주신 일을 즐기는 삶이 행복한 인생이라는 생각을 갖게 되었다.

　약 10여 년 전에 집회 활동 중 어느 교회 목사님이 한 말씀이 생각났다.

　"지금 이보다 더 큰 고난이 와도 송 시인 믿음이 변하지 않겠어요?"

　"네!"

　대수롭지 않게 대답했지만 목사님은 심각한 표정으로 말씀하셨다.

　"정말 서원 할 수 있겠어요?"

"...? ...네에...!"

그때의 만남이 무슨 의미일까? 그때 내가 너무나 쉽게 말했던 것에 후회하고 후회했다. 그러나... 고난과 시련에 최선을 다해 견디는 것이 내 일이었다.

잠시라도 멈추지 않는 온몸의 통증과 자지 못하는 시달림, 배설을 못하여 복부가 거북한 고통은 믿음을 포기하지 않으려 했던 순교자들이 당한 고문을 떠오르게 했다.

"그래. 이게 순교의 훈련이다! 이 자리에서도 믿음을 버리지 않는 것이 나의 최선이다!"

그렇게 나 스스로를 달래며 고문에 익숙해져 갔다.

투병기5 / 2001년 4월 15일 주일

혼자 있는 섬

정상적인 몸은 아니었지만 그래도 내 생활은 자유롭게 했던 몸! 내 나름대로는 제법 날렵하고도 유연하고 그렇게 가벼운 다리! 힘이 그런대로 있어서 뛰지는 못해도 실내에서는 걸어 다녔던 그 다리가 커다란 쇠 굴레를 달아맨 것처럼 꼼짝 못한 채 무겁기가 큰 바위 같고 산같이 느껴졌다.

아버지는 사십이 다 된 딸의 몸을 스스럼없이 만져야 했고, 동생 명선이는 언니처럼 나를 아기 돌보듯 돌봐야 하는, 나뿐 아니라 우리 가족의 모든 생활을 바꿔버린 고통 분담이 되었다. 하지만 어린 아기처럼 된 딸 옆에서 노

심초사 내 수족같이 움직여줘야 하는 엄마의 고생은 이루 말로 다 할 수가 없었다. 가족의 사랑과 주위 사람들의 기도와 위로가 있고 엄마가 옆에 있어도 나는 섬에 혼자 있었다.

바닷물처럼 많은 사람이 나를 둘러싸고 있어도 그 누구도 들어올 수 없는 섬에 나는 그렇게 갇혀서 누워 있었다. 나는 사람들이 내 주변에 있는 것이 외로움인 줄 생각했었다. 예를 들어 내가 결혼하지 않아서 남자의 품을 그리워하며 가족을 꾸리지 못한 아쉬운 마음이 외로움인 줄로 알았는데 그건 외로움의 감정일 뿐 외로움의 실체는 아니었다.

진정한 외로움은 누구도 공유 할 수 없는 나 혼자 있는 섬이다. 내가 가지지 못한 것을 동경하면서 소유하고 싶은 마음보다 가지고 있는 것을 빼앗기고 그 잃어버린 것을 추억하며 그리워하는 마음은, 더 갖고 싶어 하는 욕심이 아니라 사무치는 아픔이었다.

그런 서글픔이 복받쳐 밤마다 흐느껴 울었다. 너무 울어서 옆집의 신고로 경비원이 새벽에 올라와 우리 집 문을 두드렸다. 밤낮으로 울다보니 아무 말도하기 싫고 모든 의욕이 상실되면서 우울증 증상이 나타나기도 했다.

그런 와중에 집 근처에 있는 삼성병원에 입원하게 되었다. 그런데 수속 절차가 너무 길고 복잡했다. 기저귀를 차고 장시간 휠체어에 앉아 여기저기를 다녀서 엉덩이가 눌려 상처가 나고, 어렵게 2인실에 들어갔는데 오른쪽 머리가 또 견딜 수 없이 아프기 시작하면서 마음이 불안해져 왔다. 의사들은 여러 가지 검사를 하고 목 수술도 하고 허리도 수술해야 한다고 했다. 머리가 아프다고 했더니 머리도 검사를 해보자고 불안한 말을 너무 쉽게 내뱉었다. 나는 더 불안해졌다. 극심한 어지러움을 느끼며 기도하면 계속 주님은,

"가라! 여기서 나가라!"

말씀하셔서 밤새도록 잠 한숨 못 자고 신음만 반복했다. 옆 침대에서는 뇌출혈로 쓰러진 할머니가 가래 빼내는 소리에 놀라게 되고, 엄마도 이래저래 시달려서 제대로 주무시지 못했다. 나는 엄마를 설득하여 그 다음날 엉덩이만 짓무른 채 병원을 나왔다.

집에 오자 아픈 머리가 가라앉고 불안해진 신경이 안정을 찾았으나 네 번이나 응급실에 달려가서 호수로 소변을 빼고 화장실에서 쓰러지는 위기를 겪으면서 몸은 날로 쇠약해져 갔다.

그동안 집회 사례비와 책 판매금으로 그리 넉넉지는 않았지만 생활을 담당하며 극동 방송이나 여러 곳에 헌금으로 썼는데 집회 활동을 못하게 되자 수익은 줄어들게 되었다.

그에 반해 병원비와 치료비는 수천만 원이 들었다. 많은 이들이 위로와 사랑의 후원금을 보내왔지만, 빚은 쌓여만 갔다. 서글픈 마음이 달래지질 않았다.

8년 넘게 썼던 〈기독신문〉 칼럼을 1년이 넘도록 최계수 자매의 손을 빌려 썼으나 언제까지 그럴 수 없어 그것마저 그만두고 나니, 세상에서 소외되는 것을 느꼈으나 그런 기분 따윈 별로 중요하지 않았다.

거북이처럼 누워서 한 번 뒤집히면 이리 저리 뒤척이지도 못해서 이불조차 못 덮는 처지에서 외롭다거나 고독한 감정은 사치스런 생각이었다. 하루하루가 전쟁이고 지옥처럼 괴로워 그 무슨 말도 귀에 들리지 않았고 그 무엇도 기쁘지 않았다. 비행기를 타고 세계를 다녔던 지난날을 기억하며 창문 밖으로 아련히 보이는 하늘을 보며, 저무는 노을빛을 보면서 흐느껴 하염없이 울었다. 30여 년 간을 살았던 세월보다 더 길고도 험난한 이 생활이 언제까지 이어질 것인가? 나는 어디까지 버틸 수 있고 가족들은 언제까지 나와 함께 할 수 있을까?

돈이 없고 명예가 없고 가족이 없고 그 어떤 난관도 몸 하나 건강하면 다 해결할 수 있을 것 같았다. 그동안 내가 얼마나 아무것도 아닌 것에 마음을 두었던지 지난 과거를 후회하게 되었다. 인생의 쓴맛을 느끼면서 내려갈 대로 다 내려가 벌레만도 못한 내 모습에 성경 속 모든 인물이 겪었던 좌절과 깊은 수렁 같은 절망을 경험하게 되었다.

그러나 그런 섬에서 고통이 클수록 주님은 더 가까이 계셨고 그 은혜는 더욱 크게 느껴졌다. 하루에도 천국과 지옥을 수십 번 오가며, 믿음이 고조되기도 하고 뚝 떨어지기도 했다.

그렇게 2년 동안의 시간이 지나갔다.

지는 해는 다시 뜬다

나는 극동 방송 정찬덕 부장님의 소개로 한방 병원에 입원해 독한 약침을 맞고 구토를 하며 시달렸다. 이틀 밤을 꼬박 지새워서 6인실에 같이 입원한 할머니들도 잠 못 이루는 밤을 보내야만 했다. 입원만 하면 머리가 아프고 잠을 더 못 자게 되자 별 수 없이 퇴원해 버렸다.

병원만 가면 검사를 하자며 입원을 강요하는 의사들 때문에 병원 근처도 가기 싫었다. 많은 한의사들이 찾아와서 금침과 사혈침도 놔주고 한약을 무료로 지어 주었으나 별 효과 없이 지칠 뿐이었다. 병에 약도 많고 의사도 많은데 신경만 예민해지고 효과가 없었다.

상심한 나와 가족들에게 김형표 목사님은 자주 방문해

서 용기의 말씀과 사랑의 손길을 주셨고 낮은 울타리의
신상언 집사님 부부의 지극한 사랑과 극동 방송과 〈기독
신문〉의 기금으로 생활을 근근이 해나갔다.

또한 윤태복 집사님과 심진수 집사님은 간간이 사랑의
손길을 보내주셨다.

그런 생활 속에서 마음에 있는 근심 때문에 더 아팠다.

나의 파트너인 최덕신 집사가 흔들리고 있는 사실에 나
는 더 괴로웠다. 송명희와 최덕신이 10여 년간 전한 '그
이름의 비밀'과 '공평하신 하나님'이 사라져 가는 비통
함에 매일 밤 울며 최덕신 집사 회복을 위해 기도했다.

나는 육체가 아프고 그는 영혼이 아팠다.

그를 만나려고 수소문을 했으나 그는 나를 피했었다.

무려 2년여 간 그를 보지 못하고 기도하면 책망하시는
주님의 음성과 여기저기서 들리는 소문에 나는 울며 살다
시피 했다. 그러는 어느 날 어렵게 그와 연락이 되어 그가
나에게 왔다.

그와 마주 안고 둘이서 목 놓아 울었다.

"왜 우리가 이렇게 됐을까... 우린 지는 해가 되고 말았
어..."

"그래, 그래..."

그와 그렇게 만나서 울었다고 아버지에게 말했더니 아버지가 나를 보며 말했다.

"지는 해는 아침에 다시 뜬다!"

아버지의 말 한마디에 힘을 얻어 나는 최 집사의 사역 회복을 위해 일심으로 기도했다.

그 사이에 나는 두 권의 책을 또 발간하고 엄마는 회갑이 가까워 출판 감사와 어머니 회갑을 겸해 예배를 드리고 2부는 깜짝쇼를 만들었다. 낮은 울타리 웨딩에서 이미향 사모의 도움으로 엄마에게 웨딩드레스를 입게 하여 40년 전의 결혼식을 재현시켰다. 미향언니는 나를 위해 특별히 드레스를 지어주고 메이크업에 머리도 올려주어 난생 처음 하는 신부 화장을 받아서 몇 년 만에 호사를 했다.

그리고 12월 24일 나처럼 아프고 고독한 사람들을 찾아 영동 세브란스 아동 병실을 방문했다. 소액의 헌금과 장난감을 가지고 위문하고 기쁜 마음으로 나오는데 함박눈이 내렸다.

크리스마스가 더 쓸쓸한 나 같은 사람들이 애처로워 서

글픈 마음을 달래며 교회도 가지 못하고 처량하게 있는데, 그날 밤 문 밖에서 새벽송처럼 캐럴이 들여왔다.

홍정길 목사님 가족이 방문하여 고독한 나와 엄마를 달래 주었다.

그렇게 20세기가 지나고 21세기, 2천 년이 되어 뭔가 막연한 생동감을 느꼈다. 최덕신 집사가 내 사정을 마음 아파하며 나를 위해 음반을 만들겠다고 수차례 미국에서 서울을 오가며 작업을 시작했다. 그 일로 그렇게 최 집사 사역도 회복되어 무엇보다 마음이 기뻤다.

나는 여전히 몸에 변화가 없어도 마음은 편한 중에서 3월초 없는 살림이지만 있는 돈을 다 털어 그렇게 갖고 싶었던 노트북과 휴대폰을 구입했다. 노트북을 보면서,

"내가 어떻게 저걸 할 수 있을까?"

두려워 장롱에 처박아 놓고, 휴대폰을 간신히 왼편 중지 손가락 하나로 문자 메시지를 주고받아서 신기해하며, 노트북도 할 수 있겠다는 생각이 들었다.

4월 20일 장애인의 날 TV에서 전신마비 장애인이 입으로 그림을 그리며 생활하는 모습과, 몇 년 전 '사랑의 리

퀘스트'에 내가 출연해 말한 내용이 나와서 엉겁결에 내 모습을 보고 결심했다.

"그래! 노트북을 한 번 쳐보자! 하다가 못하게 되더라도 해보는 거야!'

그래서 벼르고 처박아둔 노트북을 열어 한 자 한 자를 어렵게 누르며 글을 썼다. 그때 한 시간 이상 쓴 글을 소개한다.

오늘 나는 사막에서 물을 만난 것처럼 노트북 키를 3년 만에 누르며 흥분하고 행복해 했다. 감사는 모든 고통의 독소를 녹이는 비타민 C와 같다고 깨달으며 하나님과 가족에게 감사하면서 살아야 한다고 생각했다.

노트북 사용으로 나는 활기를 찾게 되었고 책을 통해 알게 된 하종심 집사님이 사다준 토끼들을 보며 즐거워했다.

송명희와 친구들 출범

한 번 잃은 건강은 되찾기가 힘들다는 말대로 많은 이들의 애정어린 기도와 관심 속에도 몸은 회복되지 않았다.

밤마다 눈물로 베개를 적시며 괴로워하는 시간들이 언제 멈출 것인가? 깊은 어두움 속에서 주님께 질문한 수많은 말들...

"주님과 자리를 바꾸면 어떨까요? 내가 십자가에 못 박혀 죽고 주님이 내 자리에 누워 계시면요. 나처럼... 내가 만약 주님이라면 고통 받는 그 백성을 그렇게 두지 않을 거예요. 주님이 조금이라도 날 사랑하신다면... 조금이라도 생각하신다면 날 이렇게 두시겠어요?"

서러움이 북받쳐 흐느끼는 이 멈출 것 같지 않은 눈물의 시간들이 정말 끝날 것인가? 태어날 때도 힘들더니 세상 살기도 난 너무나 고달프고 힘들어 이 지경까지 되도록 살아왔던 생활, 이제 세상 떠나는 것도 난 쉽지 않을까? 죽는 게 두려운 것이 아니라 죽기까지의 고통이 두렵다. 죽음은 차라리 안식일 것 같다.

그런 실정 속에서 최덕신 집사는 음반 녹음 일로 매월 미국에서 서울을 오가며 그 활동에 박차를 가했고 내 원대로 그와 아름다운 사진도 찍었다.

음반 출시를 앞두고 기자 회견을 하면서 '송명희와 친구들'이 홍정길 목사님과 손봉호 교수님을 중심으로 모임이 구성되어, 내가 막연하게 말해왔던 장애인 예술전문대학을 공식적으로 알리는 데에 이르렀고, 음반 이름은 '송명희와 친구들'로 정해졌다.

기라성 같은 거목으로 유명한 송정미, 최인혁, 조준모, 김은정, 손영진 씨 등 평소 친분을 가져왔던 CCM 가수들과 일반 가수 강수지, 조하문씨를 비롯한 모든 뮤지션이 나를 위해 노개런티로 참여하여 만든 옴니버스 음반으로 제작되었다.

주님은 늘,

"나는 너를 항상 사랑한다. 너는 예뻐! 너 원하는 것 다 주리라!"

하셔서 매일,

"나를 고쳐주시든지 나를 불러주소서!"

내가 울 땐 "울지 말라!" 안쓰러워 하시는 주님께 난 많은 요청을 하던 중 가수 유승준을 만나게 하시기를 원했더니 승준이를 만나게 하셔서 친밀한 관계가 되었다.

그리고 느닷없이 주께서

"뮤직 비디오를 찍으라!"

하셔서 의문스러워하며 한 달 이상을 지내는데 시 낭송하는 조장희 목사님이 최종민 목사님을 소개해 주셨다.

최 목사님은 비디오 촬영으로 낙후된 섬에 선교 사역을 한다며, 내 생활을 촬영해보자고 조심스런 제안을 해 나는 거절하고 싶었다.

건강할 때도 내가 내 모니터를 못한 나 자신의 모습에 자신 없고 불편해했는데 병에 시달리는 내가 그런 청탁에 따를 수 없어 거절하려고 하면 주님이,

"아무 말 하지 말고 그냥 찍어라!"

몇 번이나 그러서서 별 수 없이 촬영을 시작했다. 나는 욕창 있는 엉덩이로 장시간 차를 타고 나가서 서울과 가장 가까운 섬에 가 촬영하기 위해 배를 탔다. 그런데 거센 바다 바람에 심한 불안과 어지러움을 느꼈으나 적응이 되어 섬에서 올 땐 여유로운 포즈를 취하기도 했다. 몸이 괴로워 뭘 해도 기쁘지 않아 오히려 세상이 절제된 마음과 담담한 느낌뿐이라서 자연스런 스타일이 연출되었다.

비디오 촬영과 음반 녹음 일로 여름을 정신없이 보내고 가을이 되어 음반 출시 후 그 타이틀로 콘서트가 시작되자, 십 수 년 전 송명희와 최덕신이 만나 활동했던 감격과 그 추억들이 살아나고 과거 속에 들어가는 것처럼 흥분되기까지 했다.

이 얼마나 바래왔던 순간인가? 그래서 나는 메이크업을 하고 울타리 웨딩에서 지어준 드레스에 좀처럼 풀지 않는 머리를 늘어뜨리고 공연장을 찾았다.

그렇게 또 겨울이 되고 비디오 시사회가 열려 엉겁결에 영상물을 접하고 눈가가 젖어옴을 느끼며 하나님의 인도하심을 알게 되었다.

서울 근교의 집회는 거의 참석하였고, 그 다음해인

2001년 3월 31일 주님의 응답하심 하에 온누리교회에서 가장 화려한 콘서트를 하게 되었다.

나를 이 상황에 던져 넣으신 그 뜻이 무엇일까? 나의 참담한 상황들로 나의 친구 최덕신 집사가 회복되고 장애인의 위상이 세워지는 것을 볼 때, 어렴풋이 그 뜻을 알 듯하다. 내가 장애인이 아니라면 장애인의 속사정을 알 수 없고, 구원을 받는 것조차 불분명하며, 더더군다나 공평하신 하나님을 찬양할 수 없듯이 내가 또 이런 상황에 있지 않았다면, 과연 '송명희와 친구들'은 생길 이유가 없고 장애인 대학도 화제가 되지 못할 것이다. 모든 고통이 의미가 있음을 알려 주셨다.

또한 내가 절대적이라고 주장했던 모든 것도 절대적이지 않다는 것을 깨달았고, 무엇이 더 귀하며 어떤 일을 최우선으로 생각해야 되는지 고통스런 상황들을 통해 경험하게 되었다.

고난이 준 선물

이제 투병 생활한 지 만 6년에 접어든다. 모든 고통이 익숙해져가는 또 다른 아픔, 그 아픔은 망각이었다.

내가 어릴 때 어떻게 살아왔는지, 내가 걸어 다녔던 것이 점점 생각나지 않는 망각이 나를 무겁게 누른다. 예전의 내 생활이 잊혀져감이 나를 슬프게 한다. 아픔마저도... 내가 어떻게 이 자리에 와 있는지 그 과정마저도 잘 생각나질 않는, 모든 것의 상실감이 가슴에 피멍처럼 저민다.

나는 2년간 노트북을 치면서 인터넷광이 되고 말았다. 모모웹의 박은수 사장님이 홈페이지를 개설해줘서 네티

즌들과 마음을 나누고 이메일로 내 의사를 다 표현하는 기쁨을 즐기며 세상 어디든 단번에 날아다녔다.

또한 2001년 10월경에 황성주 생식으로 유명한 황성주 박사님을 만났는데 황 박사님은 다 죽어가는 나에게 활력을 주었다. 쟁반자장을 같이 먹자며 누추한 우리집을 스스럼없이 오시는 황박사님은,

"이제 오빠라고 하지... 나이 차이도 별로 없는데..."

만난 지 두 달 만에 오누이 사이가 되었다.

다 잃은 것만 있는 줄로만 생각했는데 하나님은 고통의 대가로 성숙한 생각과 믿음을 갖게 하셨고 많은 사람을 만나게 하셨다.

숙원이던 시 낭독 음반을 직접 제작하게 되었다. 최덕신 집사의 음악과 내가 좋아하는 탤런트 박상원, 정애리, 전혜진 씨의 감각 있는 목소리와 최상 수준의 성우 김도현, 송도영 씨의 음성으로 내 시가 낭독되는 기쁨, 특히 녹음 과정을 지켜보면서 내 생각을 다 말하고 그대로 되는 그 시간에는 모든 시름이 잠시나마 잊혀졌다. 순간의 기쁨이었다.

세상은 나를 '잊혀져 가는 사람'이라면서도 나를 더욱 찾았다. 사람들은 나를 보기를 원하고 내 위치가 세워져

갔다.

그러나 그런 기쁨이 얼마나 큰 위로가 되겠는가? 모든 것이 그저 위로일 뿐 환희는 아니었다. 경직되는 손과 다리, 경련을 일으키는 두 발과 4년이 넘는 엉덩이 욕창과 밤마다 안정제를 먹고도 쉽사리 잠들지 못하는 고통, 관장약을 좌약해야 볼일을 보는 처절함, 아무리 오색찬란한 무지개 색깔도 검은 구름이 너무나 크면 그 아름다운 빛깔도 다 묻혀버린다. 육체의 고통은 내 마음을 채찍질하여 강하게 하고 무엇에든 미련을 버리게 한다. 오히려 담대해졌고 세상에나 사람들에게 기대감도, 실망감도 없게 한다.

사람들은 자신의 힘을 강하게 하려고 지식을 얻고 돈을 벌고 명예와 권력을 탐하며 자신의 영역을 넓힌다. 이로 인해 약육강식의 동물적인 사회가 된다. 그러나 강인한 위상의 호랑이는 보호 동물로 점차 사라져가고 호랑이 밥이던 토끼는 그 번식률이 줄지 않고 있다. 진정한 강자는 호랑이가 아니라 토끼였다. 한국 지도가 토끼에서 호랑이로 바뀌었지만... 진정한 힘은 그 생명력에 있다. 죽고 죽어도 살아나는 힘이다.

내가 이나마도 살고 있는 힘은 수많은 기도의 힘으로 살아가는 것이다. 어머니의 애끓는 기도로 시작해서 아버지와 동생의 눈물로 하는 기도, 주변 사람들의 애정어린 기도와 이름 모를 이들의 숨은 기도가 나를 살린다. 기도는 나타나는 행동은 아니지만 가랑비처럼 내 영혼에 스며든다.

나는 이십대나 삼십대로 돌아갈 수 없고 옛날의 몸으로 돌아갈 수가 없다.

아픈 이 하나를 뽑았다. 영원히 돌아올 수 없는 곳으로 보냈다. 그 빈자리처럼 점점 내 가슴을 텅 비게 할 것이다. 흰머리는 늘고 얼굴에 패인 주름이 나를 원래대로 돌이킬 수 없다고 말한다. 그러나 버리는 것에 아쉬움이 없다. 쓰디쓴 맛에 익숙해져 버리면 웬만한 쓴맛은 쓰지도 않다.

항상 눈에는 눈물이 고여 있고 여간해선 웃어지질 않는다. 우리집 생활은 빈궁한 중에 얻는 부요를 누린다. 사렙다 과부의 일용할 양식이 끊이지 않는 기름병과 그릇처럼 그렇게 생활하고 있다.

오히려 건강했을 때보다 누리는 것은 많아진 것 같다. 시간을 누리고 생각을 누리고 생활을 즐기려고 애를 쓴다.

그러나 아픈 몸에 아무리 많은 것을 누린들 얼마나 큰 즐거움이 될까? 그렇다고 마냥 슬퍼할 수도 없다. 사는 동안은 그래도 평안을 누려야지...

칠십 넘은 아버지는 백발이 무색하게 중고등학생들을 학원에 픽업해주는 일로 늦은 밤 용돈벌이를 나간다. 낮엔 내 수발을 하고 지친 몸으로 밤길을 나선다.

엄마는 칠십 넘은 아버지보다 힘을 못 쓴다. 내 간호로 힘을 다 써버린 듯 쇠약해간다. 병원에선 혈압이 높고 혈소판이 낮다며 장기 약물 복용과 간간이 검사를 하는 불안함이 늘 감돌게 한다.

항상 어린 줄로만 알았던 명선이도 이십대 후반으로 직장 생활하는 여성이 되었다. 피곤함에 지친 몸으로도 언니인 나를 챙기는 데에 신경을 쓴다. 퇴근하자마자 집으로 와서 내 옆에 있어 준다.

노년의 부모에게 기댈 수 없는 처지에서 의지할 수밖에 없는 나. 혼기를 앞둔 명선이는 언제라도 제 짝을 만나 떠나야 된다는 불안감이 나를 엄습해 온몸에 경직을 더한다. 날마다 화장실 출입을 위한 고민을 하고 두 사람을 끼고 살아야 해서 아버지나 명선이가 없을 때는 봉사자를 찾아야 했지만 일정치 못하고 피차 불편함이 이만 저만이 아니다. 날마다 이런저런 불안감이 나를 누른다.

평안이 이렇게 큰 선물이라니...

"평안하뇨... 평안을 너희에게 끼치노니 나의 평안을 너희에게 주노라... 너희에게 평안이 있을지어다!"

주님의 편안, 주님은 징계를 받으심으로 우리에게 평안을 주셨다. 온갖 불안과 긴장, 스트레스와 압박, 공포와 정신적 시달림은 세상 무엇으로도 해결 못하는 문제다. 불안과 긴장감에 초조할 때 어떤 상황 속에서도 주님의 평안으로 내 마음을 주장하도록 한다.

있으면 있는 대로, 없으면 없는 대로, 사는 동안은 평안을 누리고 싶다.

주님은 늘 지금도 이렇게 말씀하신다.

"내가 너를 더 크게 쓰리라!"

주님께는 그렇게 쓸 만한 인간이 없는 걸까? 내가 아주 대단한 사람인가? 이도 저도 아니다. 그런 음성에 내 마음은 흔들리지 않고 있다. 주님이 나를 쓰시든 안 쓰시든 그건 주님 자유이다. 나는 주님 안에 있고 주님이 이끄시는 대로 따를 뿐이다.

주님이 쓰시는 게 뭘까? 세상에 드러나고 몸이 벌떡 일어나서 사람들 시선을 사로잡고 재물이 많아서 대단한 사업을 하고 꿈을 이루는 성공담이나 휴머니스트적인 삶이 하나님이 쓰신 삶이라고 말할 수 있을까? 큰 나무나 바위만 하나님의 위대하신 창조물인가?

　볼품없는 작은 들풀도 하나님의 위대하신 작품이다. 하나님이 쓰시는 것은 매우 다양하다. 모세처럼 스케일이 크게도 쓰셨고, 나아만에게 엘리사를 소개한 처녀 아이도 쓰신 것이며, 죽은 지 나흘 만에 다시 살아난 나사로도 하나님이 쓰셨지만, 주를 위해 목숨을 잃은 야고보도 쓰신 것이다. 그런가 하면 바로와 가룟 유다도 하나님이 쓰셨다.

　하나님이 지금도 나를 쓰고 계심을 나는 믿는다. 내가 쓴 글에 기뻐하는 사람들! 나를 만나면 기분 좋아하는 사람들이 있어 그 보람을 느낀다. 나와 같은 처지에 있는 사람들의 실정을 알고 그들을 위해 기도하는 것은 분명 하나님이 쓰신 일이 아니라고 말할 수 없다. 나는 다만 닥쳐오는 변화와 어려운 일에 미리 불안해하지 않고 주님의 평안으로 사는 데까지 사는 것이다. 스포트라이트를 받아야 하나님이 쓰셨다고 생각하기보다 나에게 맡겨진 삶에 최선을 다하는 것이 하나님의 일로 확신한다.

외로움

외로움은
홀로서기가 아닙니다
친구가 떠나버린
빈자리보다
아무도 없는 공허함보다
더 크고 진한
외로움이 있습니다
외롭다는 것은
내가 할 수 있는 모든 것을
잃을 때입니다
수족을 움직이지 못하여
누군가의 도움을
받아야 하는
외로움은
십자가에 수족을
못 박으신
예수 그리스도의 외로움입니다

만민이 둘러싸고 온 천하를 준다 한들
그 외로움이 달래지겠습니까
울고 울어도 슬픈 마음이
가셔지지 않습니다.

외로워도 외롭지 않는 것은
외로울수록 주님이 가까이 계십니다

가난한 사람은
돈이 없음이 아니며
가진 돈을 쓰지 못하는 사람입니다
작은 집과 초라한 그릇에도
풍성한 평안이 있고
크고 넓은 집과 화려한 식탁 위에도
채워지지 않는 가난함과 외로움이 있습니다
불행한 것은
모든 사람의 외면이 아닙니다
하나님이 버리신 것입니다

3부

나는
집으로 가고 싶다

그루터기

예수의 생명으로 다시 일어나라
무너지고 엎드러졌으나
아주 망한 것이 아니니
죽여도 죽지 아니하며
뽑아 버리고 짓밟아도
그루터기여
다시 살아나라
고통이 너를 가두지 못하고
슬픔이 너를 묶지 못하리니
자르고 꺾여도
그루터기는 움 나리라
어둠이 빛을 가리지 못하며
죽음이 생명을 이기지 못하고
마귀 세력이 하나님 능력을 막지 못하리니
불태우고 물로 휩쓸어도
그루터기는 없어지지 아니하리라

2008.1.30(목)

사람 죽이기 1

사람 죽이기가 이렇게도 쉽다니... 직접 당해 보니 정말 그렇다.

매도하고 질타하면서 외면하는 저들은 누구인가!

나의 동지였고 형제, 자매들이었다.

나와 밥을 같이 먹고 함께 눈물을 삼키던 사람들이었다.

나는 그들의 연약함을 엿 볼 수 있었음에도 속마음을 다 털어 놓았던 것이 그들을 위함이 아님을 이제 안 것이 후회스럽다.

그냥 침묵하고 말 것을... 내가 거둔 파장에 대해 나는 할 말이 많다.

결코 내가 잘못 했다고 생각하지 않다.

사람이 사람 살리기는 어찌 그리 어려운가

수술대 위에서, 혹은 자살하려는 마음을 돌이키는 일은 사람의 힘으로 되지 않고 오직 하나님의 능력에 달려 있다.

사람 살리기는 어려운 반면, 사람 죽이기는 너무 쉽다.

살인 무기 안 들고, 주먹 한 방 날리지 않고도 얼마든지 사람을 죽일 수 있다.

원망과 외면이 한 사람을 죽도록 좌절하게 만들고 깊은 고독의 늪에 빠지게 하며 급기야는 죽여 버린다.

사람들은 다 살상 무기를 가지고 있다.

예수님을 못 박듯이 가슴에 비수를 꽂고

차디 찬 냉소적인 침묵으로 목을 조인다.

내 친구와 내 사랑하는 사람들이 그렇게 죽어갈 때

나는 살인자의 반열에 서지 않았었는데...

이제 그들이 나를 죽이겠는가

죽음이 두렵지 않다

칭찬, 명예, 관심, 사랑의 끊어짐은

내 육체의 죽음보다 더한 죽음일지라도

나는 그들이 죽이는 것을 무서워 떨지 않겠다.

하나님이 나를 죽이지 않으시면

그 누구도 나를 죽일 수가 없다.

욕도 먹어보니 과연 그 맛을 알게 되었다.

예수님과 선지자들과 제자들을

죄인으로 몰아버린 사람들과 같다.

나도 사람들을 죽일 수 있다.

같이 한 판 붙든가

어떤 조취를 취해서든...

그러나! 그들을 이해한다! 그리고 사랑한다!

오늘은 내가 세상에 나온 날이다.

2005년 6월 23일(목)

사람 죽이기 2

　말 한 마디와 한 줄의 글로 사람이 살기도 하고 죽기도
한다.
　비단 판검사가 아니더라도, 비록 신문 기자가 아니라도
사람을 영웅으로 만들다가 시시한 인물로 하락 시킬 수도
있으며 파렴치한 악인으로 묘사하여 집단적 비난을 받게
하는 경우가 많다.
　나도 1985년 5월 세상에 알려지면서 그 속임수에 넘어
가 내 자신을 잃고 살았었다.
　사람들 꼭두각시처럼 그 흥에 놀고 취하다가 남는 것은
너무나 아파하는 내 모습이 슬펐다.
　그런데 점점 나도 그런 짓을 하는 노릇을 발견하며 근

심하고 그런 일에 익숙해지지 않으려 고뇌했었다.

한 치 혀와 먹물 한 줄에 웃고 울기 싫었고 내가 누구를 죽이기는 더 원치 않았는데 사람들의 시선을 끌기 위해서는 누군가를 과대 선전하거나 누군가를 죽여야 했고 그 허물을 집요하게 드러낼수록 그 관심도는 효과가 높다.

글 재료로 사람을 난도질 하고 대화의 소재로 타인의 흥을 흥미롭게 즐기는 게임에 중독될 때가 많았다.

칼럼을 쓰거나 사람들 만나서 이야기 나눌 때 보이지 않는 칼을 나는 휘둘렀다.

나 역시 그런 죽음을 당하고 있음을 알면서도 말이다

모욕하기 딱 좋은 간음하다 현장에서 잡아 온 여인과 꼬투리만 찾으면 얼마든지 범죄자로 만들 수 있는 예수를 향해 사람들은 돌을 던지고 싶어 했다.

"죄 없는 자가 돌로 치라!"

돌에 맞을 자는 그 자신들이었고 또 그런 그들을 어리석다 하는 내 자신이다.

"야! 남의 말 말고 너나 잘 해!"

내 자신의 소리며 꾸지람이다.

말보다 단 것이 없고 말보다 쓴 것이 없다.

글 한 줄로 사람을 마술처럼 만드는 능력은 더 놀랍다.

말은 귀에 남고 칼은 몸에 남지만 글은 영혼에 남게 된다.

그 칭찬에 속지 말고 그 비난에 흔들리지 말아야 한다.

말과 글은 그 생각의 표현이며 열매다.

사람을 살리는 온유하면서도 정직한 말과 글은 세상에서 가장 귀한 보약이다.

2005년 6월 25일(토)

갈대와 같은 여자의 마음, 그러나...

20년 만에 고무송 목사를 만났다, 방송 촬영 일로.

2005년 봄에, 만감이 교차하면서 지난 시절을 되새겼다.

많은 것이 변해 버린 나의 품에 소박해 보이는 노란 꽃 다발을 안겨 주면서 시작한 데이트!

공원을 거닐며 갈대숲을 만나고 잠시 멈춰 섰다.

"갈대 밭이네요! 아름답죠?"

그의 감탄에 나는 말없이 미소로 노을빛에 반사된 갈대를 보고 갈대 같은 나를 생각하려 했다.

상한 갈대여
낙심하지 말아요
주님이 당신을 붙잡아 주시리

봄바람에 흔들리는 갈대를 본다면 오페라
여자의 마음은 갈대와 같이…… 를 누구나 떠올리듯 그
도 같은 말을 속삭였다.
"여자의 마음이 갈대 같대요! 이 갈대처럼…"
나는 그 말에 갈대는 흔들려도 꺾이거나 부러지지 않고
참으로 강한 것은 갈대라고 말하고 싶었으나 나는 다시
침묵 속에서 생각했다.

여자의 마음만 갈대겠는가?
사람의 감정은 다 간사하고
여자는 조금 더 감성적인 면에서
그런 표현을 썼겠지만
그렇다고 여자의 마음이 중심을 잃고
늘 흔들리지는 않으며
갈대 또한 약하지 않다.
그 힘이 갈대에 있지 않기 때문이다.

약한 듯 보이나 강한 유연성이 힘이다.

나는 갈대처럼, 잡초와 같이 쓰러질듯 하면서도 쓰러지지 않고 명 길게 살고 있다.

2005년 8월 1일(주)

집에 가고 싶다

나는 늘 집에 있어도 늘 집에 가고 싶다.

집에 있는 안락함과 안정감을 즐겼었고 그래서 셋집을 벗어나 우리 집을 소유했고 집을 끔찍이 여겼는데....

언제부터인가 마음 속 깊은 곳에서 무언가 그리워하며 집회를 다니다가 외박이 늘어 집을 조금씩 잃어가는 느낌이 들었다.

우리 집과 남의 집에서 지내는 날이 거의 같고
외국에서 장기간 있다 보면 헷갈려서
귀가했다는 안정감이 답답함으로 바뀌어 버렸다.
어디가 우리 집인지 마음 놓고 쉴 곳이 없었다.
모든 것이 어색하고 어디를 가도 내 머무는 곳이
우리 집이란 생각도 들었지만 나는 집에서 떠나 있었다.

나는 뭐든 그 물건이 제 자리에 있어야 하는
완벽주의적인 성격 탓에 어린 시절 블록 쌓기도
알록달록하게 하지 못하고 색을 맞추고 줄을 맞춰 만들고
몇 권의 책도 크기와 분류별로 정해 놓은 대로 진열하고
누가 조금이라도 흩으러 놓으면 온 집이 난리였다.
아무리 작은 것도 내 손으로 내가 둔 곳에 있어야 하는
그런 공간이 내 집이었는데 외부 활동이 늘고
차츰 그런 부분에서 멀어지자 집을 떠나도, 집에 있어도
"집에 가고 싶다!" 는 생각이 습관화 되어 갔다.
그런데 그나마도 내 손으로 만지고 내 발로 걷는
그런 집을 두고도 건강을 잃은 후로 모든 것이 불편하다.
집이 익숙하기보다 집을 떠나서는 하루도 살 수 없는 절
대적 환경임에도 불구하고 집에 가고 싶다는 생각이 들면
"내가 왜 이러지?... 내 집은 어디인가?..."
내 육체가 집이었는지... 내 몸을 잃은 후 나는 다 잃었다.
귀한 것이 없어졌다. 좋은 것도 없고 아낌이 없다.
사람을 만나도 외롭고 친구에게 속을 털어놔도 공허함만
메아리로 돌아온다.
어릴 때 눈 쌓인 겨울밤을 아버지와 출타해서 집으로 가
던 기억이 남는다.

늘 엄마가 힘겹게 업고 다닌 나를 아빠가 업고 간다.

새로 산 오버를 입고 장갑을 낀 손에 쥐어진 작은 캐러멜의 행복감, 겨울인데 춥지 않았고 캄캄한 밤인데도 무섭지가 않았다.

손에 쥔 캐러멜을 가지고 행복해 했던 그 행복은 아빠의 등이었고 집으로 돌아가는 길이었다.

결핵으로 기침을 심하게 하던 아버지도, 가난한 생활고의 어머니의 근심 걱정도 보이지 않았다.

2005년 9월 14일(수)

2008년 여름

　내 체질상 여름을 즐긴다. 언제까지 에어컨을 틀지 않고 견딜지 테스트 한 결과 6월 말 무렵부터 8월 초까지 에어컨을 틀었고 다섯 손가락에 들 정도로 외출을 했다.

　아버지는 무사히 여름을 났지만 여름날의 얼음 녹아가듯 아버지의 건강도 그러하다.

　S양이 병원에 들어갔다는 소식에 가슴이 아프다. 1년 전 5월 말 무렵 알게 된 그녀는 우울증과 조울증을 겪는다며 약을 한 주먹씩 복용하다가 내 권면으로 약을 줄이고 마음의 평정을 찾으며 나를 도왔다. 직장도 다니고 소개팅으로 남자도 만나 결혼 예정했던 그녀가 다시 모든 생활에서 다운! 나는 또 사람이 없어 그녀를 불렀다,

　그녀는 다시 약 한 달을 도와주며 좋아했다. 나는 왜 그

녀가 우리 집에서 자기를 좋아했는지 몰랐다. 사람이 들어와 그녀가 자기 집으로 돌아 간지 약 보름 만에 그녀와 그 모친이 방문했는데 그녀의 횡설수설하는 소리를 듣고 의아해 거실로 나가 그녀를 보니 드라마에서나 나옴직한 ..... 마음이 아팠다. 아사셀이 된 듯한 그녀!

경남 선교사는 7월 초 남아공을 기적적으로 날아갔다. 그녀가 떠나던 날 하염없이 울며 그녀를 그리워하는 감정에 시달려야 했고 부모와 트러블을 벌였다. 그리고 조금 의심스러운 모 교회를 다닌다는 Y양이 왔는데 왜소한 체격과 굳은 표정에 차가움을 느꼈으나 나의 지난 과거를 생각하며 조금씩 다가가 그 마음을 열었다. 주께서 그녀를 인도하셔서 우리 집으로 보내셨겠지. 그녀는 그 의심스런 교회에서 나와 건강한 교회들을 다니며 그 얼굴도 조금씩 밝아졌다. 그러나 그 의심스런 교회를 또 다른 Y양이 다니기 시작했다. 그녀는 자칭 내 제자로 동생처럼 매주 와서 나를 도우며 아낌없는 사랑을 주다가, 직장 일로 2008년 구정에 우리 집에서 지낸 시간을 끝으로 우리 집에 오지 않다가, 휴대폰 문자로 도울 사람 없으니 오라고 사정해 왔는데 그렇게 뜨거웠던 그 가슴이 얼음장처럼 차가워진 모습으로 변해 기가 질렸다.

그 의심스런 교회 교인 중에도 내 카페 회원이 있는데 그 중 한 사람으로부터 그 교회 집회 초청을 받아 정중한 사절을 표했다.

나를 보조하던 B집사가 그만뒀다. 세수와 화장실 이동 등에 익숙했는데 비만을 이유로 야속하게 가 버려 어머니가 다시 세수를 시켜 서로 힘들고 신경전도 많다. K집사가 왔지만 서투른 모든 것에 서로가 힘든 상태다.

미래 집사는 양산으로 가서 자기 빌딩을 기부 한다고 보도로 공개해 내가 한바탕 역정을 냈다. 기부는 남모르게 해야 하며 자기가 거주하면서 기부한다면 그것은 야심적 퍼포먼스이며 신중해야 할 문제이다. 지금도 미애 집사는 양산 건물 운영이 힘들다고 문자를 보냈다. 민 집사는 음반 낸다고 말을 해서 내가 브레이크를 걸었다. 그 야심이 보여서다. 사람이라면 다 욕망에 휘둘려지기 쉽다. 그러나 그런 욕망이 나는 싫다. 욕망이 지나치면 사기도 친다.

이가 너무 아팠다. 과도한 신경과 충치 방치로 하나 뿐인 어금니를 뽑고 이를 할 생각으로 Y대 병원을 갔는데 임플란트 뿐 다른 방법이 없다며 1천 5백 비용에, 4개월간의 치료 기간과 앞니는 못한다는 최악의 결과에 마음을 접고 집 근처 치과에서 앓는 이를 뽑고나니 그야말로 시원 섭섭......

이제 10대 안짝인 이! 언제까지 버틸 수 있을까? 치아를 자꾸 빼면 기억력이 떨어진다는데 그래서인지 건망증이 날로 심해 글을 쓸 때 중요 단어가 날아가고, 노트북이나 휴대폰을 열었을 때 하려 했던 일이 생각 안 나고, 모든 일을 잊기 쉬워서 좋지만 건망증은 작가에게 치명타다. 내 한계가 느껴진다. 나야말로 무슨 일이든 해야 하는데 의욕이 없다. 한다는 기도가 "날 불러 주소서! 이리 구하지 않아도 때 되면 가겠지만 난 지금 너무 괴롭습니다. 내게 무엇을 요구하지 마세요! 내 요구도 들어주셔야지요!"

내 존재가 내게, 그리고 가족과 주변 사람들에게 짐스럽다. 사람들의 순간적 위로에 마음이 움직여지질 않는다, 그 누가 내 마음을 움직일 수 있을까?

내 마음에는 바다가 존재한다. 눈물의 바다!

바다도 다시 있지 않더라(계 21:)

내 마음의 바다는 무엇일까? 깊은 밤바다 같은 불안과 공포! 모든 것을 떠나보내야 하는 아픔과 슬픔! 절망감! 나 혼자 표류하는 인생의 바다에 나는 빠졌다.

2008년 8월 20일(수)

새 술은 새 부대에

새로운 역사는 새 날에 이뤄진다
흐르는 강물은 막을 수 없고
지나 가는 시간을 멈출 수가 없듯이
새로운 역사는 반드시 이뤄진다
낯설고 원치 않는 역사일지라도
하나님의 뜻이니 거부할 수 없다
다만
새로운 역사는 새 마음으로 새 날에 맞을진대
다 버려야 한다
과거를 잊고
지난 감정을 모두 지우며
옛날의 습관을 바로 잡는 결단이 있어야 한다

새 술은 새 부대에 담아야 한다
그 사람이 그 사람 같고
그 날이 그 날 같으며
달라진 것 아무 것도 없으나
새 술은 반드시 새 부대에 담아야 한다
그래야
물이 포도주 되고
치유와 회복과 생명이 나온다
새 술은 새 부대에 담음이
새 역사이며 하나님의 뜻이다

2005년 12월 27일(수)

아빠! 사랑해!

생살을 도려내는 아픔이 있다
가슴이 아프다
내 마음에 깊은 웅덩이가 생겼다
나의 든든한 방패가 사라졌다
봄이 와도 춥다
보고 듣는 모든 것이 슬프다
나를 지켜 주며 내 손을 잡아 주던 아버지의 손이 그립
고 그립다
예정된 이별임에도 태연하지 못하겠고
생각했던 것처럼 의연할 수가 없다
어린 시절부터 사투를 벌이는 아버지를 봐 왔고
그에 비해 두 배는 연장시켜 주셨는데 아쉽고 조금 더

두셨더라면.........

아버지와의 모든 시간만 보인다

아버지와 여행을 가고

날 위해 만들고, 사고, 그 흔적들이 크다

의자, 노트북 쉬프트 키 눌러주기, 책상, 화장실 발판, 손잡이, 스폰치

내 방에만 해도 아버지 손길이 가득한데 건너 방과 거실에는 아버지 모습으로 넘친다

아버지와 상관없는 곳에서도 아버지 생각에 울컥하고 하늘만 봐도 슬프다

아버지는 나의 연인이었다

피와 살을 나눈 부녀 관계였고 씨를 이어 받은 사이!

그래서 그 사랑을 더 받고 싶었고 아버지의 필요보다 내 필요를 더 생각했다

아버지에게 잘 했던 건 하나도 없고 속 뒤집어 놓은 것만 기억난다

내 단발머리 보며 "예뻐! 머리색이 자연스러워! 모델 같아!"

힘겹지만 딸을 사랑하는 그 음성과 그 눈빛이 가슴에 박혀 있다

기저귀를 차고 몸을 움직이지 못하는 아버지를 같은 처지에서 보는 내 자신이 힘들고 괴로워서 두 환자를 감당 못하는 엄마가 걱정스러워 요양병원을 생각했는데......

막상 들것에 매달려 나가던 아버지를 보며 막고 싶었다

아니! 손이라도 잡고 싶었는데 담즙 호스가 걸릴까봐 그냥 보낸 아버지의 생전 모습이 마지막이어서 더 고통스럽다

하나님은 나를 심한 감기와 음성으로 병원에 가지 못하게 하시고 임종 전 가려고 했는데 조건을 가지 못하게 하시더니 어렵게 가고 보니 임종 직후다

기가 막히고 한탄스러움이 밀려왔고 명선이가 쥐어 준 아버지 손에는 아직 온기가 남아 있는데 떠났다니......

산소도 있는데 내가 시신 기증하자고 부추겼던 게 잘한 짓이었나 싶다

온전한 이일장도 아닌 예배 두 번 드리고 만 아버지의 장례식!

조문객과 화환도 많았지만 그 모든 것 없어도 단 한 사람 아버지만 보고 싶은 시간이었다

김수환 추기경과 비슷하게 간 아버지!

아버지가 떠나기 전 주님은 내게 하신 말씀

"상석에 않는다!"

그 음성에 위로를 삼아 감정을 누르며 나를 다스린다

그러나 추측한다면 암 발생이 5년 걸린다는데 내가 1997년 말경 아프기 시작했고 아버지의 위암 판명과 수술은 2003년 4월이다. 내 병이 아버지에게 치명적 좌절의 원인으로 된 것 같다

그리고 2009년 2월 23일 월요일 밤 9시 78세의 일기로 내 아버지 송형섭 장로는 그렇게 험한 생을 마쳤다.

"아버지" 보다 "아빠"로 불러주길 원했으나 난 그렇게 못했다

말 발음하기 힘들어서 "아버지" 라고 불러놓고 운명 후 외치고 외쳐도 대답 없는 말

"아빠! 사랑해!"

애써 울지 않아도 자동으로 눈물이 펑펑 쏟아지는 사순절이 되고 말았다.

2009년 2월 28일(토) 내 생의 가장 잔인하고 슬픈 2월을 보내며......

아날로그&디지털

20세기도 간지 한참이다. 전동 타자기의 감동은 석기 시대의 전유물처럼 "아! 그랬었지……" 라는 기억 속에 묻고 인터넷으로 채팅과 실시간 동영상 보기와 쇼핑, 은행 업무처리 등 집에 가만히 앉아서 노트북 하나로 다 한다.

1980년대 집에 전화 한 대가 없어 편지로 소통하던 그 시절은 추억이 되었고, 휴대폰은 하루가 다르게 변화하고 최신 폰 따라 잡기는 불가능할 정도다.

나 역시 그 편리함에 적당히 물들어 있다.

그 흔하던 삐삐 하나 갖지 못하고 집회를 다녔는데 아무 활동 못하고 집에만 있으면서 휴대폰을 네 번이나 바꿨다. 휴대폰 수명 때문이었다.

이제 터치 폰으로 바꿀 차례지만 쉽게 바꾸지 못하는

것은 아버지가 골라 준 물건으로 아버지 흔적이 많이 들어 있고 왠지 허영과 사치로 비칠 것 같은 우려!

2000년에 처음 휴대폰으로 문자를 보내던 그 순간을 잊을 수 없다.

모든 것이 작아지고 빨라지는 변화에 즐거운 환호만 외칠 건 아닌 듯하다.

얻는 게 있으면 잃는 것도 있다. 편리한 변화를 이젠 신기해하지도 못하는 무감각이 그렇고 그 중독성에 노출된 점이다.

쉽게 가고, 쉽게 바뀌는 세대가 되었다. 저장 디스켓도 커서 손톱만한 USB를 선호한다.

이메일 사용으로 우편 편지를 나는 안 한다. 편지가 없어졌다.

바뀐다고 다 좋은 것일까? 새롭다고 그게 온전한 것인가?

내가 해 아래서 행하는 모든 일을 본즉 다 헛되어 바람을 잡으려는 것이로다 (전1:14)

성경, 찬송, 주기도, 신앙고백 등이 바뀌었다. 초신자가

된 기분이다.

개혁개정 성경을 보니 시대에 맞는 언어도 많고 쉽게 이해 되도록 하려는 노력은 보였으나 온전한 번역은 아니었다.

들의 백합화(마6:28)는 들에 난 하얀 꽃으로 상상하기 쉽지만 실제로 이스라엘 팔복교회 들녘에서 봤던 그 꽃은 아주 붉어 그 색이 너무나 화려했다. 근접한 번역이라면 "들에 피는 저 꽃들을 보아라!"라고 바꿔야 할 것이다. 요나의 박 넝쿨도 피마자 잎으로 개명되어야 한다.

장애인을 몸 불편한 사람, 앞 못 보는 사람 식으로 늘였다. 시대에 맞춘 번역이라면 지체 장애인, 시각 장애인으로 표현되어야 할 듯 싶다. 근본적 개정이라기보다 말 바꾸기에 불과한 이번 개정은 옛날에 합동, 개편, 새 찬송가를 따로 따로 불렀던 그 전처럼 구, 신으로 나눠져 혼란만 안겨 준 셈이다.

분열됨이 잘된 번역이라고 생각하기보다, 이 또한 상술을 탄 사탄의 놀이가 아닐까 싶다.

성경, 찬송이 바뀌었고 아버지는 없다. 이를 뽑고 임플란트를 심었다.

나는 날로 늙어간다. 내게는 아무도 없는 것처럼 불안

함이 밀려든다.

"불안해하지 말라!" 주가 속삭이신다. 그래도 외롭고 슬프다.

아날로그의 그리움과 디지털의 편리함 속에 나는 살고 있다.

2009. 4. 27(월)

다비다야 일어나라

베드로가 사람을 다 내어보내고 무릎을 꿇고 기도하고 돌이켜 시체를 향하여 가로되 다비다야 일어나라 하니 그가 눈을 떠 베드로를 보고 일어나 앉는지라(행9:40)

어머니가 대 수술을 네 번 했다. 이번에는 허리와 무릎, 발가락 수술을 두 차례 연이어 하게 되어 이어진 전신마취 우려에 나는 걱정이 컸다.

마음대로 무엇 하나 할 수 없는 몸. 엄마를 말릴 수도, 병실에 가 있지도 못해 불안감은 더 크고 명선이는 5세, 3세 된 아이의 엄마라서 병원을 못 갔고, 보호자 없이 수술실을 향하는 엄마의 모습을 떠올리자 슬픔과 불안이 마음에 꽉 차서 하루가 천년 같았다.

전화만 간병인에게, 간호사에게 수시로 걸었다.

"주님이 그 곁에서 보호자 되옵소서!"

수술은 비교적 간단했다며 빨리 끝나 회복실에 있다는 통보를 들었고, 의식을 찾아 병실에 왔다는 소식을 듣고 마음은 놓였으나 서글픔은 가셔지질 않았다. 아버지 천국 보낸 지 6개월 만에 있는 일이라 힘든 시간들이었다.

수술 후 서너 시간 뒤 엄마로부터 전화가 직접 걸려왔고 곁에서 경남 씨가 내 귀에 수화기를 대 주었다.

"난 명희만 보여! 난 우리 명희만 보고 싶어!"

흐느끼며 힘없는 엄마의 소리를 듣고 단숨에 병원을 가고 싶었지만 도울 손길이 없어 가지도 못한 채 같이 울기만 했다.

투병 생활 12년, 아니! 47년간을 내 수족이 되어 자신의 시간을 송두리 채 빼앗기고, 허리가 휘고 무릎이 닳도록 엄마는 내게 최선을 다했다. 그럼에도 불구하고 효도관광 여행은 고사하고 허리가 다 삭아도 입원조차 못한 원인이 나였다.

그래서 우리 모녀는 서로에게 원망이 앙금처럼 늘 쌓여 있었다. 서로 지겹다는 투정을 부리며 엄마에게 나는 언제나 짐이 되었다는 생각에 엄마는 내가 없으면 행복하고 편히 잘 살 줄로 알았는데 엄마가 나를 보고 싶다며 운다.

그리고 하루 지난 오늘 초스피드로 식사, 샤워 후 서둘러 병원을 향해 나섰다. 장애인 콜택시 부른 지 1시간이 넘어도 오지 않아 일반 택시라도 잡아타고 갈려는 순간에 콜택시가 와서 집에 올 차도 불러놓고 차에 올랐다. 마음은 독수리처럼 날아서 빨리 가고 싶었지만 기사는 초보에 길은 막히고 아버지 생각이 간절했다.

엄마는 몇 시간 동안 앉아서 나를 기다리고 있었다. 손을 꽉 잡고 목요일의 회복실에서 있었던 이야기를 들었다.

마취가 안 깨어나 엄마 자신이 무척 힘들어 하는데 주의 음성이 들렸다고 한다.

"다비다야 일어나라!"

그 음성 듣고 나서부터 힘이 나기 시작했다면서 그 성경 구절을 복음서에서 찾다가 못 찾았다기에 내가 사도행전 9장에 있다고 하자,

"이 보시오! 성경 박사라니까! 우리 딸 없으면 못 살아!"

엄마의 감탄에 내 존재감이 아직 헛되지 않다는 생각에 위로가 되었으나 "다비다야 일어나라!"는 말이 내 가슴에도 울려왔다.

다비다는 어떤 여성인가? 평생 주를 믿으며 다른 사람을 위해 봉사하다가 병들고 죽어 베드로 앞에 누워 있던 여 제자다.

자신을 위한 시간 없이 타인을 위해 죽도록 일하다가 죽어 시체로 된 노파! 왠지 서글프고도 쓸쓸한 주검! 사람들은 그녀를 큰 봉사자로 칭하며 슬퍼했으나 그녀의 가족은 없었다. 누구 하나 발 벗고 그 병을 고치려 한 가족이 없었던 것으로 보인다. 그저 막연히 베드로가 그 곳을 들러서 그녀의 죽음을 알고 그 선행을 들으라는 뜻인 듯 싶다.

어쩌면 이리도 엄마와 처지가 같을까 싶다. 이름 없고 자신의 몸을 챙길 만한 여유 없이 살다가 병들어 죽게 된 연약한 여인을 향해 베드로는 주의 음성을 전했다.

그 음성은 아마도 쩌렁쩌렁 울리는 큰 소리가 아니었을 듯 싶다. 애처롭게 부르는 음성인 듯 싶다.

"너의 수고와 그 짐을 알고 있다! 고생 많았다! 그런데 아직 할 일이 남았구나!"

그런 의미가 아닌지 싶다.

죽은 시체처럼 마취 속에서도 나를 생각하며 일어나려 한 엄마에게 그 음성은 절대 절명한 메시지로 여겨진다.

매우 합당한 음성이었다.

　내가 6세 쯤 될 무렵 엄마는 고달픈 생활고로 돈을 빌리러 가서 돈은 빌리지도 못한 채 땅만 보며 집으로 오다가 대로변에 걸쳐진 리어카가 엄마의 머리를 때려 의식 불명으로 병원에 실려가 천국 가고 싶어요! 하며 의식 불명일 때,

　"네 십자가 뉘게 인계하고....?"

　메아리를 들으며 깨어났다고 눈물겨운 이야기를 엄마는 가끔 한다. 이번에도 같은 형편, 같은 맥락의 메시지다. 나는 엄마의 평생 십자가였고 앞으로도 그럴 것 같다. 그러나 십자가가 엄마에게 자랑이 되었고 한순간도 떨어질 수 없는 그리움이 된 것 같다. 인생은 웃는 날보다 우는 날이 더 많다고, 내 인생이 그러하다. 그렇지만....

　그 속에서도 웃어야 하고 기쁨을 찾기보다 내가 기쁨을 만들어 가는 것이 하나님의 뜻이라면 그 뜻에 순종함이 천국일 것이다.

2009년 8월 14일(금)

나는 집으로 가고 싶다

나는 이제 집으로 가고 싶다. 내가 집에 살지 않아서가 아니다. 나는 투병 생활 이후로 하루도 집을 떠난 적이 없다. 호화 저택은 아니지만 협소하지 않고 살기 좋은 집을 하나님이 주셨다.

그럼에도 나는 집으로 가고 싶다. 10년 가까이 살아도 내 발바닥으로 거실의 마룻바닥을 촉감 한번 느끼지 못한 채 살다보니 내 물건을 내 손으로 쥐지 못하는 셈이다. 만지지 못하고 느끼지 못한다고 집의 덕을 모르는 바가 아니다. 추위와 더위를 막아주고 편리하고 아늑한 내 집이 만족스럽다.

철없던 시절 나는 집을 나가려 했다. 가출을 희망하던 10대를 지나 40이 넘어서도 독립을 이유로 집을 나갈 궁

리를 하던 때

"이게 네 집인데 네가 왜 나가냐?"

주의 음성 한 마디로 가출이나 독립 따위를 생각하지 않게 됐다.

집으로 돈을 벌거나 화려함을 자랑하는 그런 집은 내게 별 의미가 없다. 아무리 유명 브랜드 아파트, 빌라도 다 낡고 싫증나는데 나는 이 집이 좋고 이 집에서 내 생을 마치고 싶다.

또한 집은 내 몸이다. 내가 원했던 몸이 아니라서 허술하게 만드신 하나님을 원망하며 이렇게 유전자 성립 제공한 부모를 탓하는 마음이 있었고, 다른 이에게 짐만 된다는 생각이 있었는데 주님이 일러 주셨다.

"네 몸을 귀하게 여겨라!"

그래도 나는 내 몸이 싫다. 성한 곳을 알 수 없는 몸! 피부 좋다고 말들은 하지만 빛 좋은 개살구인지....... 보기라도 좋은 게 은혜겠지만 누군가 노골적으로 속 뒤집기도 했다.

"인물이 아깝다! 머리가 아까워!"

아주 예쁘지도 아주 똑똑치도 않은, 어정쩡하면서도 제대로 된 곳은 하나도 없는 이 몸을 속히 벗고만 싶다.

우리가 담대하여 원하는 바는 차라리 몸을 떠나 주와 함께 거하는 그것이라(고후5:8)

내가 가고 싶은 집은 세상 어디에도 없다. 그 무엇도 겁날 것 없던 젊음의 열정을 되찾고 장애나 아픔이 없는 몸으로 내가 밤마다 눈물로 생각하는 아빠를 웃으면서 보는 곳이다.

왕궁이나 낙원 같은 집을 꿈꾸기보다 내가 가장 편한 곳이다.

그 곳을 향해 나는 가고 있다. 주님 품이 그 곳이고 내 집이다.

2009년 8월 25일(화)

그루터기에도 새순이 나올까

나무가 잘렸다! 그래도 생명이 자랄까.

내 눈에는 절망과 슬픔만 보이는데 그 속에도 소망이 있을까.

내 수족은 석고처럼 굳어져 무겁기가 산처럼 무겁고 이는 다 빠져 할로윈데이의 호박꼴이라서 탐스러운 미소도, 거울도 안 보는 신세인데 내가 진정으로 웃는 순간이 있을까?

아버지의 빈자리에는 아무도 없다. 누가 그 자리에 대신 앉을 수 있나!

세상은 적막해 보이고 점점 힘들어 보인다.

그런데도 그 아픔들이 치유되고 회복될 수 있을까!

그건 하나님만 아신다.

세상은 돌고 돈다 해도 언젠가 멈출 때가 있을 것이다. 그것을 생각한다면 희망은 없다.

나는 희망을 놓은지 오래다. 모든 것에 의욕이 없다.

그러나.........

하나님은 의욕, 열정 가지고 일하지 않으신다. 그에게는 절망도, 실망도 없다.

모든 것을 아시기 때문이다.

하나님의 진노와 그의 매는 감춰진 은혜다.

열매가 없거나 시든 나무는 가지치기나 베어 버린다. 그러나 그것은 또 하나의 시작이다.

진정으로 가치 없는 나무는 불에 태우지도 않고 그냥 방치해 버린다.

말라 버리거나 말거나... 절대적인 무관심 속에 사막이 되는 것이다.

그것이 더 무섭고 끝이다.

세상은 더 힘들게만 보이고 교회들은 여러 가지 환난을 겪게 될 것 같다.

그러나 그 때는 다시 살게 하는 생명이 될 것이다.

오히려 풍랑없이 순탄한 항해는 잠들게 하는 마력에 더 취약하고 이야말로 멸종이다. 미국 내 인디언의 멸종은

총 칼의 위협이 아니라, 정부 지원금 덕에 일 없이 살면서 마약과 문맹이 원인이듯 힘들고 고통스러워도 그것이 살아 숨 쉰다는 증거인 셈이다.

예레미야서나 요한계시록의 재앙을 단순한 공포로만 본다면 별 의미가 없다. 그러나 그 모든 진노가 각성과 회개를 촉발시킨다면 생명과 축복이 될 수 있다 여긴다.

그래서 표(대환난 소설)를 썼다. 그리고 모든 주목에 침묵으로 일관했다.

세상도 변하고 나도 늙어간다.

나는 "모든 것이 다 됐어! 끝났어!" 포기해 버리지만 끝은 아직 안 났고 나 역시 아직 있다. 이것이 하나님의 역사하심이 아닌가 싶다.

그러나 분명한 것은 세상 말세는 내가 알지 못해도 내 체력은 끝을 향한다는 점이다.

내가 있어도, 없어도 세상은 돌아간다.

내 끝은 최고의 축복과 자유일 것이다. 그 누구의 간섭이나 도움 없이 날아서, 나도 우렁차게 찬양하고 세상에서 약해 보였던 모든 것이 강하게 되는 그 때를 기다린다.

그것이야 말로 새로운 부활이며 새 생명일 것이다.

2009년 8월 29일(토)